太田垣章子
Ayako Ohtagaki

不動産大異変

「在宅時代」の住まいと生き方

ポプラ新書
209

はじめに

司法書士となって20年。

登記がメイン業務の司法書士ですから、不動産を購入されるという不動産取引の手続きに数々携わってきました。売る側もステップアップならいいのですが、ローンが払えなくての売却時には、重苦しい空気で息をすることすら躊躇《ためら》ってしまうほどです。借金が返済できずに、不動産に担保設定をすることもありますし、一方で住宅ローンの支払いができない人の相談にものってきました。

そして私が司法書士の中で少し異質なのは、資格をとった直後から登記以外に、家賃を払えない人たちに対して明け渡し訴訟手続きもしてきたことでしょうか。その数は、延べ2500件以上。学生から90代のご夫婦まで、住まいから退去してもらうという、とてもストレスフルな仕事です。

そのため持ち家にしろ賃貸にしろ、「住まい」を奪われるということの苦しみや重みを、いちばん多く見てきたかもしれません。だからこそ可能な限り力で押さず、当事者の方と寄り添ってきたつもりです。特に高齢者の場合は、次の転居先もなくご家族の協力も得られないために、福祉の方々と一緒に次の住まいを必死に探したことも何度もあります。

新型コロナウイルスは、生きる基盤となる「住まい」にさまざまな影響を及ぼしました。

持ち家・賃貸にかかわらず、ステイホームでは音の問題やゴミ、タバコのトラブルが露見しました。仕事で昼間いないことから気がつかなかった隣人の存在。耐えられなければ賃貸なら気軽に転居することもできますが、持ち家だとそう簡単ではありません。マンションの住民同士ならしこりを残したくないでしょう。今まで感じたことのないストレスを抱いた人たちは少なくありません。

そして新型コロナウイルス流行の余波を受け、家賃が払えない、住宅ローンが払えないという危機に直面した人たちもいます。でもその原因は新型コロナウイルスだけでしょうか。私はこのような人たちと接するたびいつも「お金の知識」が足りない、と感じます。そこを改善しなければ、今後もさまざまな波に押し流されてしまいます。

だからこそ持ち家に住んでいる人、これから購入しようとしている人、賃貸に住んでいる人、全ての人たちに今一度「自分は大丈夫か？」と問うてみていただきたいのです。

平成・令和と時が流れ、昭和の時代から大きく雇用環境も変わりました。今回の新型コロナウイルスで、日本経済は大打撃を受けています。ご自身の住宅ローンの完済時期はいつですか？　予定通り退職金は出ますか？　何かアクシデントがあっても払えますか？　賃貸に住んでいる人は、自分の年齢と建物の築年数、把握していますか？　賃貸派の人は年金受給者になっても、今の住まいで払い続けられますか？　70歳になると、なかなか賃貸物件を借りられないと知っていますか？　仕事がリモートとなり郊外に引っ越しを検討されるかもしれませんが、その仕事の仕方はずっと続きますか？　本当にその郊外の住まいで、後悔しませんか？

新型コロナウイルスにより、今まで以上に「死」が身近なものになったかもしれません。日本人は「死」を忌み嫌い、それを考えること、話題にすることを避けてきました。でも、これこそが日本人の大きなミステイクだと思っています。
「死」を考えることは、生きることを考えること。そしてその生きる上で重要なのが、「住まい」なのです。

2021年、日本経済はさらに疲弊し、持ちこたえられなくなった会社の倒産が増えるのではと懸念されています。職を失う人、収入が減ってしまう人もさらに増えてしまうかもしれません。その連鎖でダメージを受けないように、全ての方にこの本を読んでいただけたらと思います。そしてご自身の必ず来る老いと死を見つめ直して、住まいをどうしていくか考えるきっかけにしていただければ、これほど嬉しいことはありません。

全ての人が安心して、社会生活を送れますように……。心から願ってやみません。

太田垣 章子

不動産大異変／目次

第1章

不機嫌な隣人たち
～身近なご近所トラブル～

今までにない不安。

２０２０年からのコロナ禍による緊急事態宣言は、私たちの精神面にも大きな影響を及ぼしています。

業種や状況にもよりますが、多くの国民は可能な限り家の中にいることを強いられました。特に都会の場合、学生や働く世代は昼間に在宅していることが少なく、普段は隣に誰が住んでいるのか知らないことも多かったでしょう。それが急に、家の中に閉じ込められたのです。それも新型コロナウイルスの正体も分からず、この先のことも分からない不安をただただ抱えて……。

この不安は、人々の心を縮こまらせました。コロナに感染したらどうなるのでしょう。連日マスコミは煽るように感染者数を報道し、何がどうなっているかも分からず、恐怖心だけが刷り込まれました。

そんな過敏になった心は、住まいの周囲のほんの少しの異音にも敏感に反応し始めたのです。

喘ぎ声がうるさい

緊急事態宣言後のステイホーム時期、自宅に滞在する時間が増え、最初にストレスを感じたのは騒音だったのではないでしょうか。

賃貸管理会社を経営している井上義治さんは、ため息交じりで語り出しました。

「管理の仕事に携わって10年。ここまで騒音トラブルの苦情電話が来るのは、初めてですよ。もう毎日だもの。怒鳴られる、怒鳴られる。僕が音を出していた訳じゃないのにさ」

連日のように、騒音のクレームの電話が入ると言います。

音の種類はさまざまです。部屋の中でどんどんと床が叩きつけられるような音。子どもの泣き声、音楽やテレビの音、家族同士での喧嘩《けんか》の声。

春であったことと、換気を促されていたので窓を開けることが多く、余計に音を感じたのかもしれません。

「いちばん困ったのはさ、男女の営みの喘ぎ声がうるさいってクレームだったんだよな」

井上さんは、苦笑いしながら呟きました。

「そう言われても、これぱっかりはね、止めてくださいとは言えないしね。まぁ、そういう動画を観ているだけだったのかもしれないけど、とにかく喘ぎ声が気になるって電話が結構かかってきてさ」

困り果てた末、井上さんがとった秘策は、「喘ぎ声にご注意ください」という張り紙を物件のエントランスに貼るということ。あまりにダイレクト過ぎるような気もしましたが、曖昧な書き方だと苦情を寄せた人たちが納得しないと思ったのです。

幸いこれは功を奏しました。

「中には、えっ、そんなおもしろいものが聞けるの？　って耳を澄ました人が増えたんじゃないかな。だから逆に物件全体は静かになったと思うよ。当事者もあの張り紙を見て気を付けるようになっただろうしね。とりあえず喘ぎ声騒動は収まったよ。でも他の物件の音問題は解決しないねぇ」

それ以降もさまざまな音のクレームが管理物件の入居者から寄せられ、ほとほと弱ってしまったと言います。

「ずっと家にいたら、運動不足でコロナ太りとかいうじゃない。だから部屋の中でダンスとかしているみたいだよ。動画サイトで『痩せる◯◯』みたいなものがいろいろあるんでしょう？　まぁ、スポーツクラブにも行きづらいし、運動不足にはなるし、体動かすとストレス発散にはなるしね。ただね、いくらマンションでも階下に響かず大丈夫ですって謳っていても、やっぱりそれなりに支障はあるよね。気持ちは本当に分かるんだけどねぇ、階下の人にしたら、たまらないよね」

コロナ以前に入居者同士のコミュニケーションが取れている仲であれば、コロナ太りも会話の一つとなり、痩せるための運動も理解が得られるのでしょう。しかしながらこれまで交流がなかった賃借人同士では、お互い様とはならなかったようです。

上からどんどんと足踏みするような音がする、井上さんはこんなクレームを延々と受け続けました。

子どもたちだって、例外ではありません。学校にも行けない、幼稚園や保育所にも行けないとなると、大人以上にストレスが溜まります。家の中で飛んだり跳ねたりしてしまうことも仕方がありません。

何もない時であれば、子どもたちの元気な姿は微笑ましいもの。それでもリモートで仕事をしている立場からすると、その音は不快以外のなにものでもありません。ウェブ上での会議中であれば、なおさらです。子どもの泣き声、笑い声ですら、忌々《いまいま》しくなるのです。

結局のところ、「音に注意しましょう」という張り紙や、注意喚起をして各戸で気を付けてもらっても、音の問題は収まりません。

誰もがただでさえコロナのストレスに加え、外に出られない閉塞感で、気持ちの寛容さも失っていたのでしょう。

「毎日毎日、どこかの物件から音のクレームばかり。でも正直なところ、本当に騒音の文句なのか、怒りのはけ口にされているのか分からないよ。なんか皆、文句言い出したら止まらないって感じだったもん。不安とぶつけようのない怒りが、ただ単に音のクレームにすり替えられただけなんじゃないかな」

試行錯誤の末、井上さんは入居者からのクレームを、ただ聞くことに徹しました。そうすることで、入居者のストレス発散になるのでは、と考えたのです。

そんな努力からか、大概の人たちは一通り文句を言い切ったら、すっきりして電話を切ってくれたと言います。

「コロナ太りって言うけど、こっちは完全にストレス太りだわ」

膨らんだお腹をポンと叩いて、井上さんはまた物件に張り紙をしに出かけて行きました。

包丁を振り回す女

別の賃貸管理会社の安部徹さんはこう語ります。

「音のトラブル？　うちはもう大変なことがありましたよ。入居者が包丁を振り回したので、警察も来て大騒ぎでした」

深夜近くの音に腹を立てた階下の40代の女性が、包丁を持ちだして上の部屋に怒鳴り込んだというのです。

その時は上の階の男性が冷静に対応したことで、女性は落ち着きを取り戻し、流血騒ぎになることはなく、事なきを得ました。それでも他の住民が呼んだ警察が飛んできて、その場は一時騒然としたそうです。

「なんせ大声出しながら、包丁振り回したんですからね。その大声に驚いて、他の入居者たちも玄関から顔を出して覗《のぞ》いていました。何事？　って感じですよね。そりゃ皆さん怖かったと思いますよ」

包丁を振り回した張本人は、警察が来る前に大人しくなったので、そのまま逮捕にはなりませんでした。

ところが被害者の男性（30代前半）に聞くと、自分はひとりで寝ていたので怒鳴り込まれるような音を出しているはずはないと言うのです。インターホンに起こされて不機嫌ながらドアを開けたら、包丁を持った女性が立っていたそうです。

女性は勝手に騒音だと騒ぎ立てたのでしょうか。それともその女性だけに、何かが聞こえたということでしょうか。

「とにかく包丁に驚いて固まりました。あまりに怖くて声が出なくて。そうしたら女性にうるさいって言われたんです。だから寝ていたので音はしていないと思いますよ、とは言ったのですが。そうこうしている間に警察が来てくれて、ホッとしました。女性と面識ですか？　同じマンションなので顔を合わせたことはあると思いますが、どこの部屋の人かも知らないです」

さらに驚くべきことは、女性はその後も包丁を振り回して上の階に行き続けたのです。しかも被害者はいつも同じ上の階に住む男性です。男性曰く、家にはテレビもないし、音も出していない、運動もしたことがない。ただ座ってリモートで仕事をして寝るという、いたって静かな生活とのことです。

建物は鉄筋コンクリート造り。日常生活で音が響くような造りではありません。加えて事件はいつも深夜。毎回男性が寝ている時間帯です。

「包丁も怖いけど、逆にそっちは少しずつ慣れてきて、それよりも安眠妨害されることの方が辛かったです」

女性は訪問の度に、うるさいと言うだけだそうです。感情を荒立てられて、包丁を振りかざされると困るので、男性は毎回寝ていたと伝えるしかなかったということでした。

当然ながらその度に警察が呼ばれ、女性は警察官に促されて階下に連れ戻されるということの繰り返し。そして住民たちはまたか……といつまで経っても事を収められない管理会社の安部さんを責めました。

そして同時にこの包丁女を退去させて欲しい、そう嘆願してきたのです。

「私だって退去して欲しいけど、これって法律的には簡単に出て行ってもらえないよね。板挟みでほとほと疲れました」

民法上、家主側から家賃を払ってくれている入居者に退去してもらうためには、信頼関係が完全に破綻したということを裁判で立証しない限り、難しいのが現状です。この包丁を振り回す女性の場合も、普段は大人しくしている以上、確かにすぐに退去してもらうことは簡単ではなさそうです。

しかも昨今、家賃保証会社の台頭で、お身内の連帯保証人がいない場合が多く、現状を相談することもできません。もしかしたら女性は、心の病を抱えているのかもしれません。お身内の方が、病院に連れて行ってくれたらとは思いますが、その願いも空しく、そもそもお身内の連絡先すら分からないのです。

そうするとご本人が自ら診察を受ける以外、この状態が改善するとは思えません。

警察も「事件が起こらない限りどうしようもない」としか言わないのです。せめて包丁を振り回している最中に警察が来てくれたら、そのまま措置入院という方法もあるかもしれません。ただいつも警察は、女性が静まった頃に到着するのです。

結局のところ家賃を滞納してくれるか、家主側との信頼関係が完全に破綻したという証拠ができるまで、家主は待つしか打つ手はありません。

でもそんなことを知らない他の入居者たちは、常に緊張を強いられているのです。包丁を手にした女性がいつ部屋から出てくるか分からないという恐怖を、抱き続けなければなりません。

自分の住んでいる物件の廊下を歩くことさえも、全く気を抜くことはできないでしょう。安らぎの場は、室内のみ。そこですら換気のために窓を開けることも、躊躇ってしまいます。

標的になっている男性も、そして他の入居者たちも、ストレスはマックスです。その矛先が、このような状況のままにしている家主や管理会社に向かったとしても仕方がありません。

一方で家主からしても、こういった状況はたまったものではありません。女性にすぐ退去してもらうことは難しく、住民からは怒られ、常に「事故物件」になる可能性にビクビクしている訳です。それこそ気が気ではありません。

「もともと女性は、精神的に何か抱えていたのかなぁ。それともコロナで追い詰められちゃったんだろうか。上の人はただ寝ているだけっていうのに音がうるさいとなれば、これは女性側に問題があるとしか思えないよね」

ため息交じりで、安部さんは言います。

「そうこうしているうちに、上の男性が退去したいって言いだして。そりゃそうだよね。毎日緊張の連続だから。不眠症になったって言ってたなぁ。先方からしたら当然なんだろうけど、引っ越しの費用を要求されちゃってね。今家主と金額の調整をしているところです。ほんと家主からしたら、踏んだり蹴ったりですよ」

結局その物件は、男性が退去した後も、未だ新しい入居者を募集できずにいます。

今のところ女性は大人しくしていますが、家主は、包丁を振り回した入居者が階下にいるということを告知しないといけないのでは、というところで募集を躊躇《ちゅうちょ》してしまっているのだそうです。むろん告知してしまえば、入居を希望する人などいないことでしょう。

仮に秘して新しい入居者を確保できたとしても、「聞いていたらこの物件を選ばなかった」と言われかねません。そうなるとまた転居費用だの、損害賠償だの、事態はややこしくなるだけです。

住まいは安心すべき場所。そんな場所にこんな女性がいたら……。

一定期間様子を見て、大人しくしている実績ができたら、その時に募集を始めるということでした。

家主の損失は、転居した男性への費用負担と、空室期間の賃料を合わせれば、軽く１００万円を超えてしまいます。

「コロナで先行きも分からない中、お金の負担も痛いけど、それ以上に本当に事件にならないか、寝られない日々ですよ」

家主の悩みも尽きません。

タバコの匂いが耐えられない

緊急事態宣言中のトラブルは、騒音だけではありません。多く寄せられた中には、タバコの煙もありました。

最近は愛煙家には、厳しい世の中になりました。街中でもタバコを楽しめる場所は少なく、野外であったとしても指定された喫煙場所でなければ吸えない状況です。ビルなどの建物内では喫煙ルームが設けられるほどで、自席で吸えるオフィスはほとんどなくなってしまったと言えるでしょう。さらにカフェも分煙化が進み、完全禁煙の飲食店も増えてきました。

そんな中、今までは仕事で家にいる時間が短かったために、それほど問題にはなっていなかった室内でのタバコの問題が、一日中家にいることでクローズアップされてしまったのです。

さらに追い打ちをかけるように、換気で窓を開けていることも、クレームを助長させる要因となりました。

いわゆるホタル族。

家族に迷惑がかからないようにベランダでタバコを吸うことで、近隣住民から「匂いが洗濯物についてしまう」「部屋の中にタバコの匂いが入ってくる」「臭い」といったクレームが相次いだのです。

それではと換気扇の下で吸っても、その煙は外に出され、最終的には近隣の開けている窓から室内に入ってしまいます。結局クレームが収まることはありませんでした。

愛煙家の方々は、いったいどこでタバコを楽しめばいいのでしょうか？

今までは喫煙所やタバコが吸える喫茶店等で、なんとか一服をしていました。家族に迷惑がかからないように、短時間なら家でも我慢ができました。でも一日中家にいたら、そういう訳にはいきません。家族に気を遣うだけでなく、近隣の方からもクレームを受けるようになったら、肩身も狭く、吸う場所がありません。

前出の安部さんは言います。

「仕方ないから駐車場の近くに灰皿というか、缶を置いたんですよ。そしたらこれがまた文句の対象になってしまって。エントランス近くで小さなお子さんが遊んだりしているのですが、外でもタバコの煙が臭いと言われてしまって。副流煙とまでは言いませんが、今の時代は、愛煙家には手厳しい風潮ですからね」

しかも問題は、これだけではありません。

野外に置いた灰皿にしている缶等を、誰が掃除するのかという問題が浮上しているのです。

「皆が使う灰皿をそのままにしていたら、また匂うだの、臭いだの、文句を言われるんですよ。でも定期清掃ごときじゃ、間に合いません。撤去したら、それこそまたクレームの嵐です。もう、本当に勘弁して欲しいですよ。これを機会に禁煙してください！　と言いたいくらいです」

安部さんの苦悩が伝わってきます。

結局この物件では、喫煙者たちが交替で缶の片付けをするということで一件落着しました。

ただいつもこのように、解決していく訳ではありません。建物の敷地内の、駐車場やエントランスに喫煙スペースを確保できる広さがあればいいのですが、そうではない場合、敷地内での簡易喫煙所の設置は難しくなります。

選択肢は①室内で窓を閉め切って吸う、②バルコニーで吸って、近隣からのクレームを受ける、③物件から離れた場所まで行って吸う、④禁煙する、と限られてしまいます。

ところが今は退去時の原状回復義務も厳しく、タバコのヤニ汚れはクロスの張替え費用を請求されてしまいます。そのため賃借人側からすると、①の選択肢では退去時の費用負担がかなりのものになってしまいます。

そうすると②の近隣からのクレームを覚悟で自宅のバルコニーで吸うか、③の近くの野外等で吸うかに絞られてきます。そうなるとタバコを吸う度に外へ出ることは大変なので、結局大半の喫煙者がバルコニーで吸ってしまい、近隣トラブルに発展してきました。

「吸わない者からすると、タバコの匂いほど嫌なものはありません。緊急事態宣言以降、外に洗濯物を干すことを止めました。未だにタバコを吸う人がいるだなんて、信じられません」

口調厳しく苛立ちを隠せない田丸理絵さん（36歳）は、タバコのトラブルが元で引っ越しを考え出しました。

小学校低学年と幼稚園のお子さんがいるため、ほぼ毎日洗濯機を回します。全ての洗濯物を浴室乾燥機で乾かすとなると、光熱費が数千円アップしてしまうのが痛いところです。

「本当にこの光熱費を、タバコを吸われる方に費用負担していただきたいくらいです。でも管理会社にいくら言っても、状況は変わらないので引っ越しを検討し始めました。こんな時に引っ越し代金って、請求できるのでしょうか」

集合住宅だとこういう問題が起こるので、次は戸建を探すつもりとのこと。ただコロナの状況下、この先も不透明なのである程度方向性が見えてきてからの引っ越しにしたいと悩んでいるようでした。

「すぐに引っ越しもできないし、かと言ってお隣とはタバコのクレームから顔を合わせにくいですし。お隣とは親しい訳ではありませんが、顔を合わせたら挨拶はしていました。でも今は互いに険悪になってしまって。主人は仕方がないんじゃないかって言うんですが、私はタバコの煙に耐えられません」

理絵さんはご両親もタバコを吸わなかったので、結婚相手も喫煙者ではない人を選びました。まさかタバコのストレスをコロナ騒動で味わうとは思ってもいなかったのです。

「お隣が引っ越ししてくれたらいいのにと思います。タバコを吸われるなら、郊外の戸建とか。どうして被害者の私たちが、引っ越しを考えないといけないのでしょうか。嗜好品だって言うなら、人様に迷惑がかからないようにして欲しいですよ。そう思いませんか？」

理絵さんの怒りが収まることはありません。

管理会社の安部さんは、頭を抱えます。

「入居者同士のトラブルは、当人同士で解決してもらうようにしているのですが、特にコロナ以降はそうは言っていられなくて。そんなこと言ったら、こっちが延々と責められるんですよ。そして最後には、じゃあ引っ越しするから費用出せって言われて。それこそ家主が出してくれるはずもないじゃないですか。だからただひたすらクレームを聞いて対応している感じです」

しばらくして季節的に寒くなってきて窓を閉めるようになり、タバコのトラブルは沈静化しました。理絵さん一家も引っ越しをせずにいます。ホッと一息ですが、安部さんは今から春が怖いと言います。コロナが収まらない限り、窓を開ける時期にはまたタバコのトラブルが再燃してしまうでしょう。

「今のうちに対策を考えないと。何かいい案があったら、助けてくださいよ」

安部さんの悩みは尽きません。

断捨離とゴミ問題

緊急事態宣言以降、住宅のトラブルで顕著だったのは、先の騒音、タバコに続いてゴミ問題でした。

日頃忙しいために見て見ぬふりをしてきた、家に溜まった不用品。家にいる時間が増えたことで、片付けを始めた人が増えたのです。当然、集合住宅などのゴミステーションは、捨てられた物で溢れ出しました。

賃貸業を営んで24年の中居重利さんは、目の前の光景に驚きました。自分の収益物件のゴミステーションが、ゴミで溢れ、スライドドアが閉まらなくなっていたのです。そしてその半開きになったドアの前にも、ゴミが積まれていました。今日は月曜日。生活ゴミの回収日です。ひと目見ただけでも、生活ゴミ以外の物も交じっていると分かりました。

賃貸物件は、管理が重要。そう父親から教え込まれた中居さんは、ゴミの日には自分の物件を回り、きちんとゴミが分別されて捨てられているかを確認していたのです。長年見続けてきたからこそ、この異常な状況に愕然《がくぜん》としました。

捨てられていた物は、ぬいぐるみ、洋服、靴、壊れたスーツケース、賞味期限を過ぎた缶詰。これは缶の蓋も開けられず、中身が入ったまま捨てられています。まだまだあります。壊れたおもちゃ、本、雑誌、汚れたシーツも洗わずそのまま袋に入っています。紙おむつも汚物がトイレで流されぬままビニール袋に入れられているのか、異臭を放っていました。

今まで、入居者の質が良いことが自慢でした。物件を綺麗に管理していれば、良い入居者が入ってくれ、ひいては物件の価値も上がる、そう教えられたまま実践してきたのです。それがこの光景で、全否定された気分でした。

「これじゃ、ゴミの収集車も持って行ってくれません。仕方なく、せめて生活ゴミだけは回収して欲しいので、私が分別したんです。そうしたら驚きましたよ。捨てられた洋服でガラスの置物が包まれていて、そのまま生活ゴミとして袋に入っていたんです。やけに重いな、と思ったら案の定でした。これじゃ、収集の人たちも怪我しかねません。電池とかも、靴下の中に入れられてそのまま捨てられていました」

中居さんは、延々とゴミステーションから溢れたゴミの整理をしましたが、正しく分別して捨てられていたのは全体の20％ほどでした。

2時間ほど作業したでしょうか、ゴミ収集車がやってきてしまいました。

「すみません、分別をした分だけ持って行ってください」

大半のゴミがそのままゴミステーションに残されたままの状態で、一部を差し出すと、回収の人は苦笑いをしながらこう吐き捨てるように言いました。

「この物件だけじゃないですよ。今はどこも断捨離なんですかね。分別なんて全くされてないです。悪質な捨て方を見ていたら、私たちが馬鹿にされている気がしますよ」

ゴミ収集車も、すでにキャパオーバーに見えます。

回収してもらえず大量に残されたゴミを前に、中居さんは大きなため息をつきました。今日はこのゴミとの闘いだ、諦めた中居さんは作業着に着替えるため一旦家に戻ることにしました。

とても不思議な感覚になりました。

自分の物件に住んでくれている入居者たちは、マナーも良く、家賃滞納もなく、入居者同士のトラブルもありませんでした。それがなぜ……。

家主仲間からゴミ問題の相談を受けても、経験がないため「うちの入居者さんたちは、レベルが高いな」そう思っていたのにです。亡き父から受け継いだ賃貸業で、初めての壁にぶち当たった気分でした。

初老と言われる年齢になった自分の勘違いかもしれない。作業着に着替えて物件に戻った中居さんの、そんなほのかな希望は打ち崩されました。

勘違いではなく、回収してもらえなかったゴミは、そのままゴミステーションの前にうずたかく積まれています。

仕方がない……。中居さんは覚悟を決めて、ゴミの整理を始めました。

今や不用品をネットで売る時代。きちんと綺麗にすれば、お金になりそうな物もあります。

例えば女性用のバッグ。確かに形は少しレトロですが、色が剥げ落ちたところも補修すればまだ使えます。同じように靴もたくさん捨てられていました。子ども用の運動靴も、洗って泥を落とせば欲しい人はいるかもしれません。特に子どもは成長が早く、同じサイズの靴を履ける期間はほんの僅か。それを考えれば、少しの手間でゴミがお宝になるのです。それを捨ててしまう。ここに入居者の疲れた、前向きになれない心の内を見た気がしました。

洋服も多く捨てられています。こちらも靴と状況は同じです。綺麗に洗濯をし、シミを取り除けば、まだ着られる状態。それでも手間をかけずに処分されています。気持ち的に、余裕がないのでしょうか。もう面倒だ、捨ててしまえということでしょうか。

お土産でもらったのか、記念に購入したのか、小さなキーホルダーや、先の尖ったボールペン、マジックペン、化粧品の容器、残り少なくなった口紅、ヒビの入った食器もありました。

ゴミ回収の作業員が語った「馬鹿にされている」というより、怪我を誘発する危ないゴミとしか言いようがありません。生活をしていると、こうも不要な物が増えるのか……改めて自分の生き方にまで思いを馳せました。

２時間ほどかけて半分ほどゴミを整理した頃でしょうか。入居者が、中居さんの前を通りました。中居さんはその時、驚くべき言葉を耳にするのです。

「家主さんがゴミの袋を開けるだなんて、プライバシーの侵害なのでは？　これ全部中身をひっくり返すんですか？」

愕然としました。

この30代の女性が、きちんと分別してゴミ出しをしていたのかどうかも分かりません。ただ家主が溢れかえったゴミの整理をしているので、労いの言葉でもあるのかなと思っていたのです。それが予想を反してのクレーム。中居さんは言葉を失いました。

「家主さんだからって、勝手にゴミの封を開けるって違法ではないのですか？」

女性は語気を強めて言い放ちます。

「すごく不快です」

その後ろ姿を見ながら、中居さんは怒りが体の中で増長するのを覚えました。

自分だって、こんな作業はしたくない。入居者たちがきちんと分別してゴミを出してくれさえすれば、こんなことをせずに済んだのです。朝から打ちのめされたような気持ちで悪臭と闘いながら分別しているのに、慰労どころか「違法」と責められる筋合いはありません。

大体こんなゴミの捨て方をしたのは、アンタたちじゃないのか。今まで入居者たちと信頼関係も築き、いい関係だと信じていたし、何よりも「お客様」だと思っていました。中居さんが家主業を始めて以来、初めて入居者を「アンタたち」と敵対視した瞬間でした。

中居さんに同情もしますが、いきなりゴミの封を無断で開ける行為は、確かにプライバシーの侵害行為になりかねません。こういった場合、まずは入居者の方々に対しこのような警告を行い、その上での開封が望まれます。

一部の入居者において、ゴミの分別がされていないことが判明しました。心当たりの方は出されたゴミを一旦持ち帰り、分別したのちお出しください。このようなことが繰り返されますと、ゴミ袋を開封してゴミの持ち主を特定せざるを得ません。そのようなことがなきよう、よろしくお願いします。

ただ現に分別されていないゴミが氾濫している以上、作業せざるを得ないところも仕方がない部分ではあります。

そこで現状の写真をたくさん撮ってもらい、その写真も載せた上で「このような状態であるため、急遽、ゴミ袋を開封し分別いたしました」という書面を各戸に投函してもらいました。

ゴミをこのまま放置したとしても回収してもらえず、悪臭を放っている以上、緊急性があるからです。書面を出すことで、入居者への警告と理解を得る両面を狙いました。

また明らかに粗大ゴミと思える大型ゴミも、費用を払っていない様子だったので、中居さんは仕方なく行政に連絡をし、費用を払って引き取ってもらいました。そして誰がどのゴミを捨てたのか分かるよう、防犯カメラも設置しました。そこまでしたことが功を奏したのか、中居さんの所有する5つの物件は少しずつ違法なゴミ捨てが減っていきました。

「かかった費用ですか？　ゴミステーション以外にも、これをきっかけに防犯カメラを設置しましたから正確ではないでしょうが、50万円はかかりましたね。もちろん月々の費用もこれからかかってきます。でも費用がかかったとしても、もう白い目で見られながらのゴミ整理はこりごりなんです」

長年賃貸経営を誇りに思ってきた中居さんですが、今回を機に子ども世代に家主業を引き継がせるかどうか、真剣に考え出したと言います。

「親父の代からの家主業ですからね。できれば代々繋いでいきたいと思っていました。ただ今回のことは、自分では想定外だったし、何よりも大切な入居者から裏切られた気もするし、一生懸命に分別している自分を労うどころか訴えるぞ！　みたいな勢いに、力が抜けました。売却するのか、経営の仕方をガラッと変えていくのか。ゆっくり子どもたちと相談していこうと思います」

新型コロナウイルスからのゴミ問題は、中居さんのこの先を考えるきっかけになったと苦笑いしながら語ってくれました。

外国人とゴミ問題

一方、ゴミ問題は、管理会社にも影を落としました。

「入居者のみなさんから、自分たちのゴミステーションを綺麗にして欲しいと連日苦情が入るんですよ」

その度に物件に確認に行き、作業に追われる山辺俊之さん。賃貸管理の仕事に関わるようになって14年のベテランです。

「うちのゴミ問題は、外国人がらみですかね」

コロナ禍から帰国する外国人が増え、トランク一つで帰国するので、必然的に不用品が捨てられると言うのです。

ただ外国人の多くは退去の手続きをせぬまま帰国してしまう傾向があるので、室内にゴミを残したままより、ゴミステーションに捨ててくれた方がまだいいと山辺さんは言います。

「いわゆる夜逃げだと、訴訟で判決をとって明け渡しの強制執行をしないと、部屋を新たに人に貸せないんですよ。でも外国人の場合は、国外に出られてしまうと、訴訟するにも大変でしょう？　ですから入居の時から、とにかく退去する時には必ず鍵を返すということと、部屋の中に荷物を残すなってことは、しつこいほどに言っているんです。これらのことを守らないと、次に貴方の国の人に部屋を貸さないよって。一般的に外国人が部屋を借りることは大変なので、母国の後輩のためにも退去の約束は守ってくれる傾向にあります」

山辺さんの活動エリアは埼玉で、近くに工場も多いことから、最近では本当に外国人入居者が増えました。外国の人は生活スタイルも文化も違うので、とにかく啓蒙が大事と、入居時に見て分かるように守らねばならないルールを動画にして渡したり、コミュニケーションを取るように心がけてきました。

それが功を奏しているからか、いわゆる夜逃げは少ないにしろ、今回のゴミの放置にはほとほと嫌気がさしたと言います。こんなに頑張ってきたのに、こんなに心を通わせていたと思っていたのに、最後はこれか……と。

「すごい勢いでゴミが捨てられるので、退去するときは一声かけてって言っておいても、一向に状況は好転しないんです」

鍵が店舗のポストに入れられているし、物件のゴミステーションは不用品で溢れかえっています。

それらの大半が粗大ゴミになるので、山辺さんは一つ一つ整理して、業者に有料で引き取ってもらっています。その費用は、20万円を優に超えました。

特に家電ゴミは引き取りに費用が高くかかってしまうので、会社の倉庫にある程度の量が溜まってから引き取ってもらうことにしました。毎回だと時間だけが奪われるからです。

「次は外国人に貸したくないって言っても、このエリアじゃ日本人入居者をなかなか確保できないしね。ただこの大変さ、絶対に忘れないようにしなきゃ。転んでもただでは起きませんよ。これから外国人には家具家電付きで貸そうかなあ。そうしたら身ひとつで入居できて退去もできるもんね。そんなことばかり考えています」

山辺さんは連日ゴミの後片付けをしながら、次のビジネスを考えています。

この先の賃貸事情はどうなるんだろう、新型コロナウイルスはどう生活に蔓延《はびこ》るんだろう、そんな中で自分たちの作業を減らす方法を模索しています。

ペット不可アパートのゴミから見つけたもの

「えらいもん見つけちゃったんだよぉ。どうしたらいいかな」

ここ４、５年お付き合いのある家主の妹尾猛さんから相談を受けました。

どうやらペット不可アパートなのに、ゴミステーションに猫の餌の缶詰が捨てられるようになったと言うのです。入居者に猫を飼っている人がいるようだ……。そんな心配事でした。


物件は、総武線の各駅停車しか停まらない駅から歩いて20分ちょっと。人気の高いエリアではありません。お父さんから相続で受けたアパートで、一旦退去されてしまうと新しい入居者を確保するのが難しいのです。

「猫を飼っている入居者を特定して退去してもらうか、それともこのままお住まいいただくか、そのどちらかじゃないですかね」

私がそう言うと、妹尾さんは頭を抱えます。

「ただでさえ空室もあるのに、猫を飼っている人まで退去させちゃったら、がら空きの物件になっちゃうよ。困ったなあ」

妹尾さんは、どうやってこの空き缶を見つけるようになったのでしょうか。

「コロナでさ、物件のゴミ捨て場が氾濫するようになったんだよ。それで毎回整理したり掃除したりするようになったらさ、空き缶がいつも捨てられている訳。これが残念ながら人間用じゃないんだよね。もぉ、やられたって感じ」

妹尾さんも、コロナでのゴミ問題に悩まされた家主のひとりでした。

4月頃から、収集日には必ず物件を回り、回収されなかったゴミの整理をしていた妹尾さん。空き缶はいつもゴミステーションの隅にかためて置かれていました。

ペットを飼うのは止めて欲しい、でも退去はしてほしくない。妹尾さんの希望を叶えるとすれば、住人がペットを手放す以外方法は見つかりません。とはいえペットを手放すのはなかなかハードルが高いもの。一時的に預かっている場合でなければ、退去かペットを認めるかの二択になってしまいます。

まずは計8戸のアパートの、どの部屋の入居者が猫を飼っているのか探ることから始めました。

幸い妹尾さんの自宅と物件は目と鼻の先。妹尾さんは大学生のお孫さんに、アルバイトと称して一日1万円のお小遣いで見張っていてもらうことにしました。

1週間ほどで、缶を捨てに来る入居者が判明。住民の中ではいちばん高齢のおばあちゃん、石田眞知子さんでした。

眞知子さんは、現在72歳。ずっと独身で、かれこれ40年以上ここに住んでくれています。しっかり定年まで働かれたので、年金で家賃も払える優良な入居者でもあります。

「困ったなあ。物件でいちばん滞納の可能性も低い眞知子さんだったんだ。でも当事者同士で話すとバツが悪いから、章子先生、話してみてよ」

妹尾さんに頼まれると断わる訳にもいかず、私は眞知子さんに会いに行くことにしました。

年齢的なことを考えれば夕方ごろに訪問すると、在宅率が高いことは分かっていました。眞知子さんは、突然の私の訪問に驚いた様子でしたが、部屋の中に招き入れてくれました。

当の猫ちゃんは、遠くから私のことを眺めています。綺麗な大人しいキジ猫でした。

「保護猫なんです。大人しいし犬みたいに吠えないから、バレないと思って飼い出したんですけど。ちょうど今年に入ってすぐです。コロナが騒がれるようになったときも、この子がいてくれたので心強かったんです。最初はドライフードだけ与えていたので良かったのですが、少しずつもっと美味しいものを食べさせたくなって。やっぱり餌の缶から知られちゃったんですね。私は死ぬまでここに住みたいと思っているので、敷金積み増しでなんとか家主さんに掛け合っていただけないでしょうか」

眞知子さんは綺麗好きなのか、室内はとても整頓されています。このまま最期までお住まいになったとしても、物件もそれなりの築年数になるはず。その頃には取り壊しの話も出てくるでしょう。そうであれば眞知子さんの次の入居者のことを、それほど考えなくてもいいかもしれません。猫の場合は、アレルギーを抱える人もいるので、次の入居者が限られてしまいますが、その問題もクリアしそうです。

ただ一方で、眞知子さんに何かあった後、猫だけが残ってしまうという可能性もあります。

そこはしっかり者の眞知子さん、よく考えていらっしゃいました。

「この子、11歳なんです。猫は20年近く生きるって聞いたから、私が看取れる子にしました。万が一の時は、譲ってくれた保護猫の団体が引き取ってくれるそうです。だから家主さんには、ご迷惑をおかけしません。どうか私から、この子を取り上げないでください」

私に慣れたのか遠くから様子を窺っていたキジ猫は、隣に座る眞知子さんにぴったり寄り添うようにスリスリしています。

眞知子さんは、愛おしそうにキジ猫の頭を撫でていました。

きっと、コロナ騒ぎで外に出にくい時期も、ずっと寄り添ってきたのでしょう。眞知子さんの心の支えになっているなら、眞知子さんの認知症予防にもなるかもしれません。この姿を見てしまった今、とてもじゃありませんが、キジ猫を手放してくださいだなんて私には言えませんでした。

猫を大切そうに抱っこしながら、眞知子さんに「家主さんに交渉してみてください」

と見送られました。

ペット不可の建物で、飼うことを許してしまうと、他の入居者にも広がってしまうリスクもあります。一方でペット可の物件にすると、ペットを飼える賃貸物件が少ないことから、入居者に長期にお住まいいただけるというメリットもあります。

眞知子さんの場合、ひとりで生活できる間は、きっと、この部屋で過ごしてくれることでしょう。お金の問題もありません。この新型コロナウイルスという未曾有の状況下、ひとりで力強く生きてこられた眞知子さんにとっては、保護猫がいなかったらとても辛いものになっていたはずです。

「仕方ないか。退去されてしまえば、駅から遠い古いアパート、新しい入居者の確保も難しいだろう。長年信頼のある眞知子さんだから、猫も迎え入れるか」

妹尾さんの決断は、家主としての収支計算もあったかもしれません。ただ長年お住まいいただいている眞知子さんに対し、このコロナ禍に心の支えができたことを応援したいという気持ちも込められていたと思います。

新型コロナウイルスは、生物ではなく、正体の分からぬウイルスです。その不気味な存在が人々の働き方を変え、さらにはさまざまなストレスを今なお与え続けています。そして安心できる住まいから、音やゴミ、さらにタバコの問題をあぶりだしました。

一方で新型コロナウイルスがきっかけで、自身の事業承継を具体的に考えだしたり、新しいビジネスの創出といった前向きな動きも出てきました。人との繋がり、心の支えもクローズアップされてきています。

絶対的な安心のある場所であるはずの「住まい」。

新型コロナウイルスは今後、その「住まい」に対してもどのような影響を与えていくのでしょうか。

第2章
深刻さが増す在宅時代のトラブル

2020年、新型コロナウイルスが日本に上陸して感染が広がってきた時、私は「これから家賃滞納が増える」と直感的に思いました。そのため家主への警告という意味も含めて、「入居者とコミュニケーションをとって」と動画配信をしました。それが3月6日のことです。まさかその時期には、この先自殺者が増えるだろう、というところまで考えが及びませんでした。

ところが緊急事態宣言中の5月2日。私は初めて管理会社の担当者から、入居者が自殺したという連絡を受けることになるのです。いつもなら旅行する人たちが多くなる、ゴールデンウイークの最中のことでした。

若い女性に自殺が増えた

管理会社の安藤剛さんは、とても慌てた口調でした。

「首吊りです、首吊り。どうしたらいいですか?」

声が少し震え、電話の向こう側で混乱している様子が見えるようでした。

管理の仕事に就いて3年目の安藤さんにとって、入居者の自殺は初めての経験です。

家族から「娘と連絡がとれない」と連絡を受け、駆けつけた両親と一緒に室内に立ち入ったところ、変わり果てた姿を見つけてしまったということでした。

警察に通報した直後、どうしていいのかも分からず私に電話がありました。

これは困ったことになったな、それが私の第一印象です。

この時にはまだ私も、この先延々と自殺が止まらないとまでは思ってもいませんでした。

なぜ困ったと思ったのでしょう。

家主側の代理人として動いている私からすると、自殺をされてしまうと、家主側が受けるダメージがあまりに大きすぎるからです。

一つは、事故物件になってしまったことの損失。

もう一つは、解約手続きが難航するという問題です。

まず一つ目の事故物件になってしまったという損失について。

室内で自殺された場合、いわゆる事故物件になってしまい、物件の資産価値はぐっと下がってしまいます。今は事故物件を載せるサイトもあるので、事故があったことは延々と残ってしまうからです。

売却する時には、よほどの好条件が加わらない限り、売買代金は数百万単位で下がるでしょう。

月々の家賃収入だって激減します。


最近でこそ「家賃さえ安ければ気にしません」と、自殺直後の部屋でも入居する人も増えましたが、一般的には「自殺した直後の部屋には……」と、その部屋に住んでくれる入居者を確保することが難しいのです。

そうなると賃料を極端に下げるか、あるいは当面、募集をせずに空室にしておくことになってしまいます。結果、家主のその間の収入は減ります。

中には自殺された部屋だけでなく、「気持ち悪い」と別の部屋の住人まで退去されてしまうことも少なくありません。そうなるとまた募集もしにくく、家主側の収入に与える影響は計り知れないのです。

これだけではありません。すぐに発見してあげられればいいのですが、そうでなかった場合、匂いを取る等の特殊清掃も含め、原状回復費用が通常よりかなり高額になります。

これらの費用を全部合算すると、軽く数百万円になってしまうのが現状です。家主からすると、例えばこの金額を自殺した人の親族などに全額支払ってもらったとしても「事故物件にされた」苦々しさは消えません。しかしそれでも払ってもらわなければ、賃貸経営そのものを揺るがすほどのダメージとなるのです。

一方で請求される方も、親族を失った悲しみに加え、このような予期せぬ高額請求を受けてしまうと、払いたくても払えないというのが現実の話ではないでしょうか。

こうして家主は、一つ目の大きなダメージを受けるのです。

そして二つ目のダメージ。

入居者がお亡くなりになった時、問題になるのは賃貸借契約が相続されてしまうということです。

今でこそ賃貸物件は珍しくもなく、日本全体からすると空室や空き家もあるくらいですが、そもそも法律ができた時代には、賃借権というのは貴重な財産でもありました。

その権利が相続されてしまうのですから、賃借人が亡くなれば、その相続人がお部屋を継続して使って家賃を払ってくれない限り、相続人に契約を解除してもらわねばなりません。しかも解除の法律効果は、相続人全員と解除しなければならないというハードルもあります。

ところが自殺の場合は、この解約手続きがとても難航するのです。

なぜなのでしょうか。

ここで立ちはだかるのは、先の賠償金等のお金の問題なのです。

まず支払いを要求される相続人からすれば、何とかそのお金を払わずに済ませられないか、そう考えます。

相続の場合、相続放棄の手続きが法では準備されています。堅実に生きてきた人が、相続をきっかけにある日突然、多額の借金を背負うことになり、そこから逃れられないとすると、あまりに酷だからです。

もっと詳しく言うと、相続人はプラスの財産もマイナスの財産も全て相続するか、あるいは一切を相続しないのか、それとも折衷案として相続人のプラスの財産の範囲内でだけ負債分を支払うか、その三択が用意されています。

賃貸に住んでいる方の自殺の場合、残念ながら圧倒的に相続放棄が多い印象です。亡くなった方に、預貯金が多いケースが少ないのでしょう。相続放棄をしなければ、事故物件にしてしまったことへの損害賠償額を、相続人の財産から支払わねばなりません。家主に申し訳ないと思いつつも、その額を自らの財布から支払うことはできないと判断するのでしょう。

相続放棄

相続放棄は相続が発生し、自分が相続人となったことを知ってから3カ月以内に家庭裁判所に対して手続きをします。相続放棄は亡くなった人の一切の財産を取得しません、という意思表示なので、相続放棄の手続き前に財産を受ける、財産を処分してしまうと放棄の手続きはできません。

学説に諸説はありますが、賃貸借契約の解約手続きや荷物の処分は、財産の処分とされ、その後、相続放棄の手続きができなくなってしまいます。

しかし相続放棄をされてしまうと、家主はただでさえ事故物件になってしまったことのショックがある上に、原状回復の費用や損失の補塡もしてもらえず、まさに踏んだり蹴ったりです。よほどの保険に加入していない限り、数年分の純利益が吹っ飛ぶ計算となります。

さらに家主の苦悩はこれで終わりません。

第一順位の相続人が相続放棄をすると、亡くなった人の財産は第二順位の相続人に引き継がれます。血の濃い相続人が相続放棄をしたのに、第二相続人が「全て支払います」だなんて、基本的にはあり得ません。そうなるとほぼ間違いなく、第二順位の相続人も相続放棄の手続きを取ることになります。

さらにもし第三順位の相続人がいれば、当然放棄の手続きになるのは目に見えています。そうして誰も相続人がいなくなって初めて、相続財産管理人を選任することになります。大概はここまでに賃借人が亡くなってから1年近く経っています。

相続財産管理人

相続財産管理人とは、相続人が明らかでないとき（相続人全員が相続放棄して、結果として相続する人が誰もいなくなった場合も含む）、亡くなった人に代わって亡くなった人の財産から債権者等に対して借金等を支払い清算をする人。清算して残った財産は国庫に帰属します。

そしてやっとの思いで選任された相続財産管理人と契約を解除しようと思っても、相続財産管理人はボランティアではやってくれません。業務をしても自分の報酬が得られないと判明したら、辞任してしまうことがあるのです。

そうなれば、家主は誰と賃貸借契約を解除すればいいのでしょう。亡くなってから1年経ってもなお、契約は解除できず、室内の荷物を勝手に処分することもできないという最悪の状態になってしまうのです。

これが自殺された家主が陥る、とてもとても大きな問題なのです。

2021年1月27日、国土交通省・法務省の両省が遺品処分の委託先を生前に定めるルールを整備すると発表しました。これが普及すれば家主の負担は随分軽減されるはずです。

安藤さんは家主に「自殺」の連絡をした際に「しっかりお金は払ってもらってよ」と言われてしまったので、亡くなった賃借人の両親に「もろもろ発生する損害の請求があると思います」と伝えてしまっていました。

両親は、大切な娘が亡くなってしまった悲しみと「なぜ死んでしまったのか」という複雑な思いに加えて、瞬時にお金のことを突きつけられたのです。

逆に「今そんなことを言われても」と声を荒らげられたので、安藤さんは私のところに連絡してきたと言うわけでした。

両親は第一発見者となってしまっていたので、警察からいろいろと確認される立場。今日のところはそのままお帰りになってもらって、落ち着いた頃に私が家主の代理人としてお話しするということになりました。

緊急事態宣言中ではありましたが、両親側の意向もあり、10日ほど過ぎた頃、私はお家に伺いました。住まいは自殺の現場となった東京の足立区ではなく、埼玉にあるアパートでした。物件からは電車で1時間半くらいでしょうか。賃借人は東京の会社に勤務するために、自立して家から出られていたのでしょう。

お焼香をさせていただこうと思ったのですが、小ぶりなリビングなのにご遺骨は見当たりません。私が申し入れても、「先に話を」と軽くかわされてしまいました。リビング以外を見られたくなかったのか、理由は分かりませんが、それ以上何も言えない雰囲気でもありました。

「これからどうなるのでしょうか」

父親は40代後半でしょうか。お金のことを、ひどく気にしているようでした。

「これからいったいいくらのお金が要求されるのでしょうか」

おとなしそうな母親も、心配のようです。

「見ての通り、私たちは裕福じゃない。だからお金を請求されても払えません。いったいいくらくらいなんですか？　見当もつかない」

父親が、少し不安そうに呟きました。

今回は発見が少し遅れてしまい、匂いを消すために特殊清掃が必要です。また病死ではなく自殺ということで、確実に部屋の募集時には告知義務があり、そのために家賃も相当減額しないと入居者を確保できません。

もともと6万円弱の小さなワンルームですが、賃料を下げると家主の借り入れの返済に支障がでます。その差額分に損害賠償も合わせると、ざっと100万円。

ただ相続放棄されるくらいなら……。家主からは、その辺りの意向も私から両親に伝えるよう、明確に提示されていました。

「本来であれば、損害賠償も含めて100万円ほどはご請求したいところです。あの物件は、まだ築2年なので」

私がそう言った瞬間、両親の顔は凍り付きました。

「払えない、払えないです。そんな額はとても払えません。コロナで私の収入も激減しているんです。ここも賃貸だし、財産なんて何もありません。私たちだって生きるのに精一杯なんです」

父親の訴えを聞くと、あながち嘘をついているようには思えませんでした。

迷惑をかけたことは分かっているけれど、本当に支払う余裕がないといった空気は伝わってきました。

ここで押したら、絶対に相続放棄されてしまう……そう思った私は、あらかじめ家主とすり合せをしてあったので「払えない」という意向を受け入れることにしました。

「お気持ちは分かりました。先ほど本来であれば、とお伝えしたと思います。家主もお支払いいただきたいと思っているところですが、そのようなご事情がおありであれば、致し方ありません。その代わり、お部屋の荷物の撤去をお願いできますか？」

私はそう言いながら、賃貸借契約の解約書面を出しました。

申し訳なさそうに、両親は解約の書面にサインをしてくれました。

お金の要求がなくなった、ということでホッとしたのか、入居者のことを少しずつ話しだしてくれました。

私たちにお金がないから、娘は学生時代から部活もせずにずっとアルバイトをして、そのお金を家に入れてくれていたんです。大学だって全額奨学金を借りて、自分でバイトもして。

友達と遊ぶ余裕なんて、なかったと思います。青春って言うけど、娘の場合はずっと働いてばっかりですね。楽しいことなんかあったのでしょうか。

親としては情けない限りです。

都会に行きたいって、ここじゃ仕事もあんまりないし給料も安いからって、それで東京の会社に就職して、部屋を借りたんです。

アパートだけど、東京の家賃は高いって言っていました。

給料から6万円の家賃と奨学金を返済したら、手元に7万円くらいしか残らないって言っていましたよ。

娘は物心ついたときから、ずっとお金で苦労している感じです。私たちに甲斐性がないから可哀そうでしたが、私たちも学がないので仕方がないんです。だから娘は必死に大学に行ったのでしょう。

ただ中学から年齢を偽ってアルバイトをしていたくらいですからね。学力的にはいわゆる偏差値のいいと言われる大学には進学できませんよね。そうなると必然的に働くところだって、そんなにいい給料がもらえるようなところには就職できません。

ちょうど４月の半ばだったかな、頑張り屋なのにしんどいって言ってきたんです。私たちが助けてやれたらいいのですが、「父さんたちもしんどいわ」っていつもの調子で言ったんですよ。

そしたら明るい声で、「だよね、一緒に頑張ろうね」って。

頼れないって、辛かったでしょうね……。

娘は小さな会社の事務をしていました。コロナで自宅で仕事をしているようでしたが、インターネットっていうんでしょうか、そのお金もかかるから苦しいって嘆いていました。

それでしばらく連絡せずにいて、次に電話をしたらもう連絡がつかなくて。

警察の人には死後5日くらいと言われました。胃の中に何も残っていなかったから、食べてなかったんじゃないかって。

親を頼れなかったから……。そう母親は何度も涙声でつぶやいていました。


重い空気でした。

私が帰ろうとしたとき、「娘に会ってもらえますか」そう引き留められたのです。

訪問時はお金の要求をされると、恐れていたのでしょう。ホッとしたのか、そう声をかけてくれました。


リビング横の襖を開けたら、そこは4畳半くらいの和室でした。年代物の箪笥《たんす》二竿《さお》と、2人分の布団。

その隅に小さなご遺骨と、大学卒業の時の写真でしょうか、まだあどけない顔をした女の子の写真が置いてありました。

苦労を感じさせないような笑顔。これから社会に出る、そんな時期。たくさんの夢を抱いていたのでしょうか。コロナで収入が減って、追い詰められたのでしょうか。誰も頼れなくて、夢を持ち切れなかったのでしょうか。それとも社会に出て、現実の生活に追われていたのでしょうか。

「若いんだから何でもできるのに」、そんな言葉が聞こえてきそうですが、そう片づけてしまうのには、あまりに残酷な現実に感じました。

自殺した彼女のように、平成生まれの今の20代が物心ついたときから、日本経済は低迷している状況でした。格差社会と言われ、バブル世代のように楽しい経験をしていないのです。夢を持てなくなったとしても、誰が彼らを責められるでしょうか。

大人になれば、社会人になれば、そう夢を描きながら学生時代を友達とも遊ばずにアルバイト生活をして、念願の社会人になって。でもその瞬間に奨学金という借金を背負ってのスタートです。働いても働いても、楽しいことに使える時間もお金もなかったのでしょう。

新型コロナウイルスのせいでリモートでの仕事。狭いワンルームの中で、逃げ場を失って、それ以上頑張れなくなってしまったのでしょう。
ほんの2年ほど前には、こんな笑顔を見せていたのに。
この40㎡ほどのアパートで、親子3人で住んでいたときは幸せだったのでしょうか。
東京だから、頼れる人もいなかったから、それで辛かったのでしょうか。

お金の請求をされずに安堵の表情を浮かべている両親に、私はそれ以上何も言えませんでした。

家主の気持ちを考えれば、お金の請求をしたいのは山々でした。ただあのまま押せば、必ず相続放棄をされてしまいます。そうなればこの先1年くらい決着がつかないまま、次の入居者も入れられず、そしてきっとお金の回収もできず、時間だけがいたずらに過ぎていくだけです。

賃貸借契約を解約して荷物を撤去してもらえれば、仮に家賃を下げたとしても、入居者募集という前向きな方向に進めていくことができます。

私は両親に会いに行く前に、お金の回収ができそうになければ、せめて早期に解決できるようにしようと家主と話し合っていました。

家主は憤りを隠せないまま、それでも私の話を聞いて決断してくれたのです。

この後、2020年の6月くらいから、賃貸物件内での自殺件数は増加する一方です。

加速度的に増えている印象です。そしてこの案件のように、若い子の自殺が目立っていました。そして秋ごろから、ようやく自殺が増えたと報道されるようになりました。

新型コロナウイルスによる死亡者より、はるかに多い人たちが毎月自ら命を絶っています。その度に家主は、経済的に追い込まれているのです。

政府の統計によると、日本では2020年10月の国内の自殺者数が年初来の新型コロナの死者数を上回りました。警察庁が発表した同月の自殺者は2199人と前月から急増。一方、厚生労働省がまとめる日本の新型コロナ死者数の合計は、11月27日時点で2050人となっています。

法律は何のためにあるのでしょうか。

時代の流れの速さに、古い古い法律だけが不動の顔形で私たちの前に立ちはだかっている、そんな気がしてなりません。

そして失われる若い命。新型コロナウイルスは、経済的な弱者に襲いかかります。

外国人の脆さと逞しさ

神奈川県横須賀市。

米軍の基地があり、ここでは外国人が多く生活しています。

フィリピン国籍の女の子が、家賃を滞納しました。働いているバーがコロナで営業を停止し、収入が途絶えたからだと言います。まだ20歳そこそこで名前はサーシャ。見た目はまさに外国人ですが、流暢《りゅうちょう》な日本語を話します。日本で生まれて育ったからでしょう。

「ちゃんとした仕事？　そんなのあるわけない。笑っちゃう」

2020年 男女別・月別の自殺者数の推移

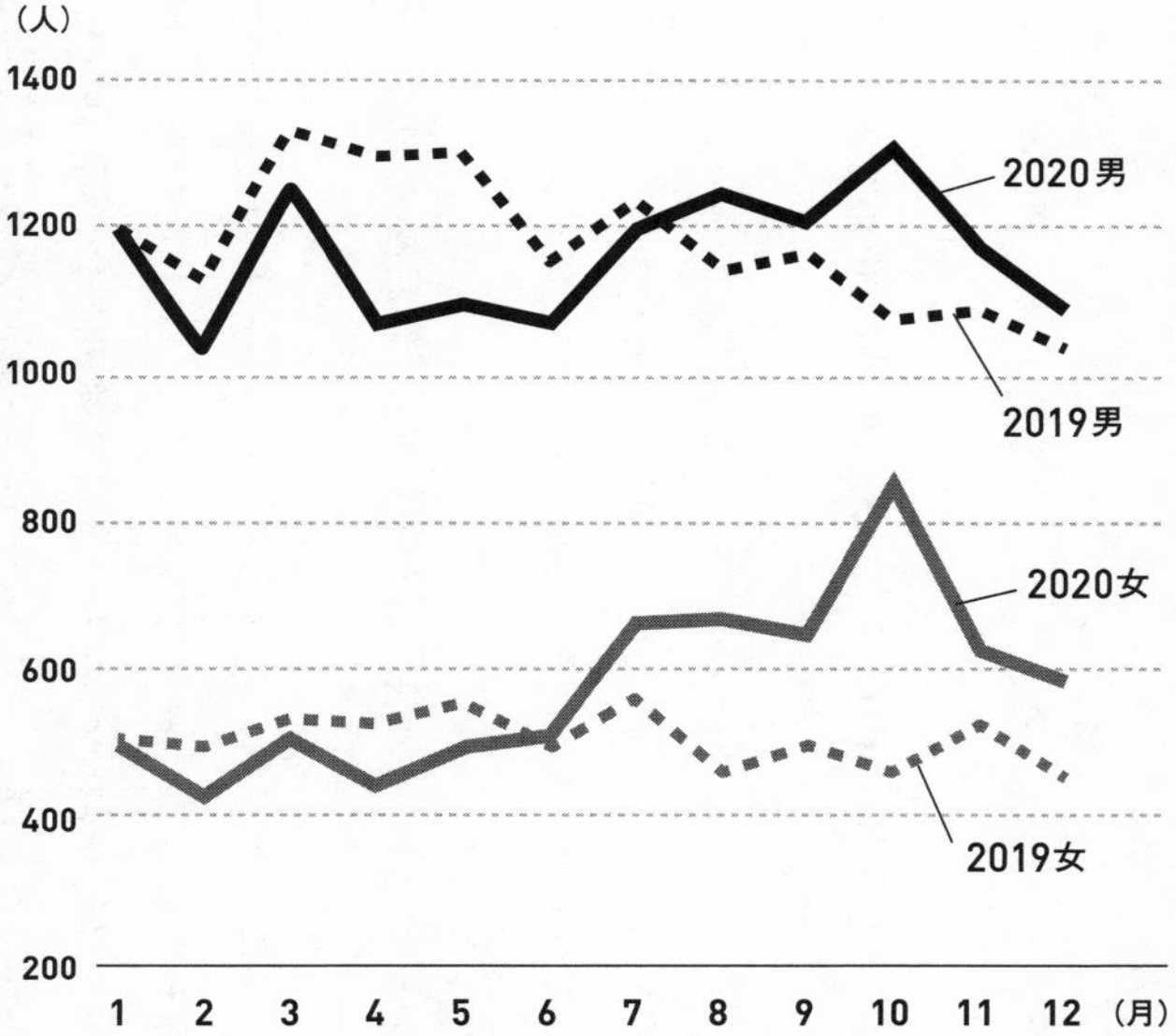

出所：警察庁のデータをもとにnippon.comが作成

浅黒い肌と明らかに日本人と違う外見からイジメに遭って、学校は不登校に。出席日数が足りなくても、日本の義務教育は卒業させてくれました。それからずっとアルバイトをしながら、母親と暮らしていると言います。母親は日本に25年以上住んでいますが、米軍相手の仕事なのでカタコトの日本語しか喋れません。

もしこの親子の収入が途切れたら、2人は一体どうやって生きていくというのでしょうか。

新型コロナウイルスは、真っ先に飲食業界に影を落としました。営業時間を制限され、僅かな補償と引き換えに休業を余儀なくされたのです。夜の飲み屋街は閑散とし、働く女性たちは、化粧をする機会を失っていきました。

住居確保給付金のことを伝えても、家賃だけでなく生活費も足りないと言います。だから申請なんてしないと。

もしかしたらそもそも税金等も納めていないので、収入が減ったということの証明が難しいのでしょうか。

もしくは面倒だからか、他にお金を手にするアテがあるのか、いったいこの先母娘でどうやって日々を過ごすつもりでしょう。

とにかくこのまま滞納額を支払わなければ、訴訟手続きはどんどん進み、最終的に強制執行で退去させられてしまいます。


サーシャは、驚く様子もなく淡々と手続きの話を聞いていました。

「いつまでに出たらいいの？」

冷めた声で尋ねてきました。行くアテがあるのでしょうか。

あと1カ月半もしたら、強制執行に着手できてしまいます。有無を言わさず退去させられるまで、残された時間は2カ月半ほど。

分かったという合図なのか、彼女は左手をちょっと上げて玄関ドアを閉めました。


それから何度電話しても、サーシャとは連絡がつきませんでした。

普通に考えれば、収入が途絶えた親子に部屋を貸してくれる家主はいません。引っ越し代金も出せないでしょう。

このまま強制執行になってしまうのかな、そう心配をし出したタイミングで、サーシャから連絡がありました。

「退去します、あとはどうすればいいですか」

誰かから、お金を借りられたのかも。とにかく退去という言葉に、私はホッとしました。

約束の日、現地に行ってみると、サーシャはすでに鍵を持って立っていました。

新しく部屋を借りられないので、友達の部屋に親子で転がり込んだと言います。相手はサーシャと同じ、フィリピンの血をひく23歳の女の子。同じバーで働いていました。なんと、受け入れてくれる女の子の部屋は、20㎡ちょっとのワンルームだと言います。そこにサーシャと母親が合流となれば、寝る場所もあるのかどうか。

「入らない荷物は、別の友達に預かってもらっています。横になれれば、問題ないです。早くコロナが収束して働きたい」

サーシャはそう言って鍵を返してくれました。

サーシャはフィリピン人だけど、フィリピンに行ったことはありません。外国人というだけでイジメに遭い、学歴もなく、いい職にも就けません。それでも日本に住み続けたいと言います。

「フィリピンに行っても、仕事ないし」

ワンルームで3人が寝泊まりする、それでも日本に居続けたいという危うさ。米兵と結婚できたら、いずれアメリカに住める。そんな夢を抱いているのかもしれません。このコロナ禍でいちばんの打撃を受けつつ、それでも彼女は日本で「夢」を追い続けるのです。

サーシャの事件の後、同じフィリピン人の住居明け渡しの手続きにも携わりました。この時ほど、外国人の逞しさを感じたことはありません。

マリガヤはフィリピン人の母親と、母親のボーイフレンド（日本人）と3人で住んでいました。契約者は日本語が分かるということで、25歳のマリガヤでした。

コロナ前から家賃は滞納しがちでしたが、それがコロナで決定的となりました。滞納が改善されないので、明け渡しの手続きに入ったのです。

マリガヤは英文で手紙を出しても、電話をしても、何をしても連絡がつきませんでした。

そのまま手続きは進み、明け渡しの判決が言い渡され、そして強制執行の日となったのです。そこで初めて驚いて連絡してきました。

なぜ今まで連絡をして来なかったのでしょうか。

「きっと出されることはない、そう思っていました」

私からの手紙も読み、裁判所からの訴状も受け取っているのに、まだそんな甘いことを言っていました。


手続きの流れを伝えて、荷物を撤去される断行日と呼ばれる日までに退去するように促すと、あっさり「分かりました」と言います。あと3週間ほどでできるのだろうかと、逆に心配になりました。また軽く考えているのではないかと……。

するとマリガヤは「埼玉のおじいちゃんのところに行きます」と言うではありませんか。

埼玉……。彼女に日本人の親戚がいたのかしらと、びっくりしました。

「いえ、コロナが騒がれる前に、フィリピンから親族７人が日本に来て、いま埼玉に住んでいます」

これにはさらに驚きました。

要は新型コロナウイルスが広がりそうだという1月に、このままフィリピンにいても不景気で生きていけないだろうと、一族で日本に入国したとのこと。当然、日本語は誰一人喋れません。そこで全員が生活保護の申請をして、今、埼玉に住んでいるということでした。何という逞しさ……。

マリガヤは、このまま横須賀にいても当分の間は仕事もできないだろうし、母親と母親のボーイフレンドと埼玉のフィリピンから来た親族とともに、コロナが落ち着くまで住むから平気です、と言うのです。何なら自分たちも生活保護を申請すればいいや、そんな勢いまでありました。

日本は申請さえすれば、外国人も生活保護を受給することができます。

例えば何年か日本に住んでいた、とか、税金をこれだけ納めていた、とかいう実績が必要とか、そんな縛りもないのです。

新型コロナウイルスでダメージを受けているのは、日本だけではありません。むしろ外国の方が、感染者や死者数も多く、それに連動して経済状況が危機的になってくる可能性もあるのです。そうなれば何のハードルもなく、日本の生活保護を受給するために、外国人が日本に流入してくる可能性も、完全には否定できません。

そんなことを考える逞しさに驚くとともに、日本の法律の甘さも感じざるをえませんでした。

クレーマーの孤独死

新型コロナウイルスは、人々のリアルな触れ合いを規制しました。ソーシャルディスタンスが求められ、仕事ではリモートが推奨され、イベントやコンサートも一時は中止。オンライン飲み会という言葉も生まれました。

ひとりで飲むよりは、画面上であったとしても人と話しながらお酒が飲める。意外と楽しいものだと、知った人も多かったと思います。ただしそれが高齢者となれば、どうでしょう？　技術的にオンラインで人とコミュニケーションを取れる人がいったいどれだけいるのでしょうか。

例えばオンライン飲み会一つをとっても、若い家族がパソコンやインターネットのセッティング等をしてくれれば、新しいことにチャレンジもできます。けれども誰にも教われず、パソコンやスマホも持たない人たちは、やりたくてもできません。そもそも「オンライン飲み会」という言葉すら、知らないかもしれません。

こうして孤独な高齢者は、ますます孤立を深めていったのではないでしょうか。

家賃なんて払うもんか、と公言する内田洋平さんという73歳の男性がいました。内田さんは、大工として50年以上働いてきました。今もなお現役です。お金がない訳ではないのです。職人気質の内田さんは筋の通らないことは許せない、と家賃を拒否し始めました。いったい何があったのでしょうか。

最近の家賃保証会社の保証方法には、概ね以下のような2種類の支払い方法があります。

①賃借人は家主に家賃を支払い、滞納があれば保証会社に連絡をして代位弁済して

もらう

②賃借人は家賃保証会社に家賃を支払い、家賃保証会社から家主に支払う

内田さんは②のパターンでした。通常は銀行からの自動引き落としです。ここで引き落としがされなければ、コンビニ払い等の請求書が来て、滞納者は家賃を振り込むという流れになります。

なぜか内田さんは、自動引き落としを嫌がります。そのためいつもコンビニ払いの用紙を家賃保証会社から送ってもらい、それが届いたら支払うという方法を繰り返していました。

ある時、内田さんはきちんとコンビニで支払ったのに、コンビニ側のタイムラグで支払ったことが家賃保証会社に届かず、家賃保証会社の担当者から督促の電話がかかってきたのです。

曲がったことが大嫌い、筋の通らないことは許さないという内田さん。自分はきちんと支払っているにもかかわらず、督促の電話を受けたことが屈辱で激昂《げきこう》しました。

家賃保証会社の担当者も、支払いが確認されていない以上、督促したことは間違っていた訳ではありません。

「もぉ許せねえ。俺を滞納者呼ばわりしやがって。訴訟でも何でもしやがれ。金輪際、俺は家賃を支払わねえから！」

その督促の電話以降、内田さんは公言通り家賃を払わなくなりました。

後日コンビニでの支払いが確認できると、担当者は内田さんのところに謝罪の電話をしました。ところがよほど腹が立っていたのでしょう。

「俺は今まで人の道を外れたことはねえんだ。こんな屈辱、忘れられねえよ」

内田さんは、担当者の話も聞かずに電話を切ってしまいました。

その後何度も担当者は電話をしましたが、内田さんは出た瞬間に怒鳴って切り、訪問しても会ってもらえず、話ができない状態でした。

そのまま3カ月が過ぎ、いよいよ家賃保証会社もこのままという訳にはいかなくなりました。滞納の明け渡しの訴訟手続きになりました。

今までの家賃保証会社との交渉履歴を見るだけでも、どれだけ内田さんが怒ってきたかが分かります。これは訴訟になっても一筋縄ではいかないな……私はそう覚悟しました。

支払いを求める私からの内容証明郵便を受け取って、内田さんはすぐに私に電話をしてきました。最初から怒鳴り口調です。

「おまえはこれまでのいきさつを知ってるのか！　おまえもあいつらの仲間か！」

すごい剣幕です。もちろんこちらとしては、いきさつは把握しているし、仲間であるという訳ではないということを一生懸命に説明するのですが、ずっと怒鳴られっ放しです。さすがに私も疲れてきました。

「あのう……。私が内田さんに何かをしましたか？　怒鳴られたら話もできないので、内田さんの希望を聞かせていただけますか？」

やんわりそう言うと、ほんの少し内田さんのトーンが下がったのです。

「俺さ、あの保証会社の奴と仲違《なかたが》いしたままなんだけど、太田垣さんさぁ、仲を取り持ってくれない？　そうしてくれるなら、滞納分全部まとめてすぐ払うからさぁ」

内田さんなりに、今の状況は良くないと思っていたようです。

「分かりました。じゃあ、担当の人と一緒に謝りに行けば、ちゃんと話を聞いてくれますか？　私も一緒に行きますから」

私がそう言うと、内田さんはホッとしたような声で、「ありがとう、ありがとう。じゃ、すぐ振り込むからな」そう言って電話を切りました。

翌日早々には、滞納額が全額支払われました。やはりお金がなくて、支払っていなかった訳ではないようです。

家賃保証会社の担当者に全額振込があったことを連絡すると、かなり驚いていました。ずっと話もできず、怒鳴られっ放しだったのですから、それも当然です。

お金も全額入金されたので、手続きをする訳にはいきません。会ってくれるということなので、緊急事態宣言中ではありましたが、細心の注意を払って一緒に謝りにいくことになりました。

当日、物件に行くと、道に面した窓から内田さんは私たちが来るのを見ていたようです。木造アパートの外階段から２階に上がると、すでにドアを開けて仁王立ちで待ち構えていました。

電話の感じからすると、サラッと終わるのかなと甘く考えていたのですが、いきなり内田さんは怒鳴り始めました。

「おまえがな、俺を滞納者呼ばわりしたから怒ったんだぞ。それをちゃんと分かってんのか！」

まだ社会人2年生の担当者は、一生懸命に頭を下げているのですが、内田さんの怒りは収まりません。怒りだしたら、どんどんヒートアップしていく感じです。ここで私が口をはさんでしまうと余計に怒り出しそうなので、内田さんがひとしきり怒るのをただじっと聞いていました。

なんとこの怒りは、1時間以上続きました。

仲を取り持ってと言っていたのに。私は少し意外な展開に戸惑いました。きちんと謝って頭を下げたら、振り上げた拳も下ろしてくれると思っていたのです。ところがなかなかそんな雰囲気にはなりません。

内田さんが言っていることは、正論ではありました。謝罪するときは言い訳しない、仲間の失敗は自分の失敗、謝罪するときは相手が許すまで頭を下げ続ける……。厳格な職人気質が、若い担当者が確認不足で起こした失敗を許せなかったようです。

その気持ちは理解できるのですが、今の時代、そこまでガチガチに言ってもなぁ……聞いている私もしんどくなってしまいました。

未だに現役で大工をしているという内田さん。現場でもこんな感じなら、若い人はついてくるのかなあ、ふとそんな風にも思ったほどでした。

やっと話が途切れたタイミングで、私たちはお許しをいただき、解放してもらえました。トータル1時間半。ようやく長かった時間が終わりました。

緊急事態宣言中のこの出来事を、私は既に忘れてしまっていた8月。また内田さんの滞納で、相談ごとが回ってきました。

これからは毎月支払うと約束したはずじゃない。びっくりして交渉履歴を見ると、また内田さんとは連絡がつかない状況のようでした。

高齢者が次の部屋を探すのも、大変なことです。怒りたい気持ちがあるかもしれないけど、皆が皆、自分の思うようには動いてくれないことだってあるはず。仕事をされているなら、自分の主張が正論であったとしても通らないこともあるでしょう。「家族はいない」と言っていた内田さん。木造アパートの1DKにひとりで住んで、寂しくないのかな。若い人たちが慕うようなタイプでもないし……。私はそんなことを思いながら、仕方ないかとまた手続きを始めました。

でもその思いは打ち破られたのです。内田さんの住民票を取得してみると、内田さんは既に亡くなっていました。

緊急事態宣言中に私たちが行った後、その2週間後くらいです。完全な孤独死でした。死亡年月日が5月21日から6月4日までの間という、特定できない記載になっていました。しかも死亡届が出されたのは6月末。

これは何かで内田さんが亡くなったことが発覚し、死因が特定できなかったので解剖となり、おそらくこの間に亡くなったのだろうということで、診断書が出てやっと届出ができたのが6月末ということです。

私はその住民票から目が離せなくなりました。いったいどんな亡くなり方だったのでしょう。誰にも看取られず、しかも誰にも気づいてもらえず亡くなった内田さん。現役で働いているというのは、違ったのでしょうか。それともコロナの影響で、仕事が一時ストップしていたということでしょうか。

これはあまりに淋しすぎる結末です。

とにかくまずは相続人を捜すことにしました。

家族はいない、そう言っていた内田さんですが、一度結婚され、娘さんがいました。お嬢さんが3歳のときに離婚。娘さんも、すでに50歳になろうとしている年齢でした。さらに驚くことに、死亡届を出された直後に、娘さんは相続放棄の手続きまでされていました。

こういったケースは、長いこと会っていないので、借金があるかどうかも分からず怖いので（裕福そうな生活もしていないようだし）手続きを取るというのが一般的です。普通は財産があるかどうか探したりもするのですが、これだけ早くに見切りをつけるというのは、「一切関わりたくない」という意思表示でもあるのでしょう。

私からすると、あまりに職人気質で融通がきかないタイプだとは思いますが、内田さんは人が悪いようには思えませんでした。ただ人から無条件に慕われるようなタイプでもなかったのかもしれません。だからと言って、73年も生きてきて、親しくしている人もいなかったのでしょうか。

コロナだったから誰にも気づかれなかったのか、それとも内田さんが孤独に生きてきたのか、今となれば誰にも分かりません。ただコロナがなければ、きっと職場の人が気づいて、もう少し早くに発見されたはずです。

第三者である私たちは、死亡原因を知ることはできません。せめて苦しまず、忍び寄る死を内田さんが自覚することなく天に召されたことをただただ祈るしかありません。人との関係を遮断してしまう新型コロナウイルス。そんな中で内田さんのケースは、あまりに悲しい結末でした。

第3章 コロナ禍で事故物件はどうなる？

対談1 昆佑賢（アウトレット不動産株式会社代表）

昆佑賢（こん・ゆうけん）

アウトレット不動産株式会社・代表、一般社団法人日本建築医学協会幹事長。事故物件や事件物件のスペシャリストとして、講演やテレビ出演が数多い。２００８年４月に「一般社団法人日本建築医学協会」という団体を知ったことをきっかけに、２０１１年２月に「アウトレット不動産株式会社」を設立。日本建築医学協会のメンバーとして、昨今の人にまつわるあらゆる問題について「病は家から」、「病は生活環境から」という見地によりさまざまな研究を重ね、対策を提案している。人口減少の波が止まらない今、空き家が増加し続ける問題に対して不動産を生き返らせることを目標に活動を続けている。

事故物件は大きく分けて2種類

――昆さんは、不動産業の中でも、事故物件を専門に扱っているとお聞きしました。事故物件とは、そもそも、どういう物件ですか。

昆：業界では事故物件とか訳あり物件という呼び方をしますが、基本的に大きく分けて、物理的に問題がある「法的瑕疵《かし》物件」と、物件には全く瑕疵はないんですが、心理的に嫌悪感のある「心理的瑕疵物件」があります。後者は、そこで人が亡くなってすぐに発見されず時間がたってしまったとか、自死されたとか。瑕疵とは傷がある、とか欠点や問題があるとかいう意味です。大きく分けると、その2つが訳あり物件の多くを占めています。

太田垣：昆さんが扱っているのは、割合的に法的瑕疵物件と心理的瑕疵物件のどちらが多いんですか？

昆：この仕事を始めた頃は心理的瑕疵物件のほうが多かったんですが、今はもう逆転していて、物理的な瑕疵が原因の法的瑕疵物件のほうが断然多いですね。

――法的瑕疵とは、法律で縛られて再建築などができないということでしょうか？

昆：そうです。簡単にいうと、家および家が建てられている敷地は、道路に最低

2メートル接していないと建ててはいけないと建築基準法で決められているのですが、1950年に建築基準法が定められる以前に建てられた物件ですと、1・8メートルとか、中には1メートルぐらいしか接道していない物件もあります。
車社会になって、消防車が入れないと困るといった経緯で、法律で2メートルと定められたのだと思いますが、その結果、現在は建て替えができない物件が、沢山あるのです。
太田垣：空き家もすごく増えていますよね。
昆　：そうなんです。建て替えができない状態で、しかもその上物が、居住用の建物だと、固定資産税が3分の1になったり、都市計画税が6分の1になって、減税になっているのですが、壊して更地にすると、固定資産税がガーンと上がる可能性があるんですよね。ですから壊すこともできないんです。空き家が多いと犯罪率も上がるので、問題視されているんですが、そこの法律にまだメスが入ってない状態です。
太田垣：昆さんは、そんな空き家を買い取りしているんですよね。
昆　：はい。うちの場合は、買い取った物件を賃貸で貸したり、一戸建てで再建築不可の古い物件を、貸せる状態までリフォームして賃貸で貸しています。そういう戸建ては、家賃も安く設定できるので、生活保護を受けている人が入ることも多いです。
太田垣：物理的瑕疵のある再建築不可物件は、家の枠組みだけ残して、リフォームすればいいんでしょうか？
昆　：そうですね。昔は躯体の柱だけを残してリフォームすればよかったのですが、最近は、コンプライアンスの問題かもしれませんが、役所のほうから申請を出しなさいと言われて、だんだん難しくなってきているようです。

事故物件の需要が増えた？

太田垣：今回、コロナ禍で、賃貸のほうは、自死が増えていると感じています。私はそういう自殺があった部屋は、ある程度きれいになってからしか中に入らないのですが、昆さんは、自殺があった物件の買い取りだったら、どれぐらいの状況で中に入られるんですか。
昆　：既に残置物が全部片付いているケースもあれば、そのまま残置物が残っている場合もありますね。残置物を残した状態で買ってくれというケースももちろんあるので。

太田垣：うわぁ、それは結構生々しい状況とかもありそう。

昆　：ありますね。

太田垣：私、1回だけ、畳のところに、人の形のシミが見えて、匂いが強烈だったことがありますが、そういう状態もありますか。

昆　：ありますね。お母さんと40過ぎの息子さんが住んでいる物件で、息子さんに精神障害があって、お母さんを刺して、屋上まで上がって飛び降り自殺したんです。お母さんが亡くなったところは廊下だったのですが、そこだけじゅうたんがくり抜かれていて、生々しかったです。

太田垣：まさに事故物件！　それは買い取られたんですか。

昆　：買い取りました。販売はすごくハードルが高くて、賃貸に安く出したら借り手がつきました。最終的には、その借りてくださった人に、賃貸で払っているよりも月々の支払い額が下がるので買いませんかと言ったら、買ってくれました。

太田垣：気にせず住める人なら、安く買えればラッキーですよね。賃借人の方は、どれぐらいで買われたんですか。

昆　：1500万円ぐらいですかね。当時、家賃も通常十数万円するところが8万円ぐらいで、ローンを組んでもそれ以下なので。

太田垣：ファミリータイプですね。

昆　：ええ、3LDKのファミリータイプでした。

太田垣：なぜ私がそのような質問をしたかというと、私のところに相談に来るような滞納で困っている学生さんや、社会人になって割とまだ年数が経っていない人は、すごくお金がないからなんです。大学の奨学金の返済もあるし、コロナでアルバイトが減ってしまって、生活に困窮すると、「事故物件で安いところはないですか」って聞かれることがすごく多くなりました。

昆　：背に腹は代えられない感じですね。

太田垣：そうなんです。今の6万円、7万円の家賃では、奨学金を返済して、家賃を払っていったら、手元に数万円しか残らない。そこから光熱費を払って、食費を払っていくと完璧に赤字です。そこでダブルワークをしたり、風俗系のアルバイトをしたりしているんですが、それだったら事故物件で安いところに引っ越したほうがいいと。そこまで追い詰められている人も多いですね。

昆　：なるほど。この間、新卒で就職する男性3人が、8万8000円ぐらいの賃貸の戸建てをシェアして借りたというケースがありました。それは、事故物件ではなくて、近隣トラブルで、40年ぐらい前から道のど真ん中にドラム缶が置いてあって、車を停められないようにしてある物件だったんです。

太田垣：えっ、私道にドラム缶ですか。

昆　：旗竿地という、土地が旗の形で、通路を行ってから奥に家があるっていうタイプの土地なんです。その奥の人の家に行く道にドラム缶が置いてあるんです。

太田垣：それはまたシュールな（笑）。

昆　：手前の家の人は、その道に車を停めていいといわれて買ったのに、奥の人はそれを知らないで買っているので、そこでトラブってしまった感じです。最近、そういう近隣トラブルや親子のトラブルが多いんです。

入居後に隣人トラブルも

太田垣：親子のトラブルには、どんなものがあるんですか？

昆　：お母さんがマンションを持っているので、お母さんの意思で売買はできるのですが、40代の息子がそのマンションに居座ってしまって動かない、という事例がありました。その息子はＤＶがひどくて、過去にはお母さんを殴って警察沙汰にもなっているという状態で。お母さんにとっては下手したら本当に殺されるかもしれないので、「息子が居座ったままの状態でもマンションを買ってくれませんか？」という相談でした。

太田垣：子どもが親に暴力って……。それで、そのマンションも買ったんですか？

昆　：買いました。息子は、内縁の妻というか彼女と一緒に住んでいたんですけど、出て行ってもらいました。占有する権利はないので出て行ってもらい、リフォームして販売しました。

太田垣：昆さん、すごいですね。親子だけじゃなく、親族間のトラブルもありますか？

昆　：そうですね。今、相談に来ているのは、親戚にマンションを24年間無料で貸している人で、10年ぐらい前からトラブルが発生していて、もう無料で貸すのは限界なので、マンションを買ってくれないかというものです。

太田垣：家って生活の場だから、いろいろあるんですよね。

昆　：ええ。例えば値の張るマンションを買ったのに、夜中じゅう隣がすごい騒音で、売りたいけど売れなくて困っていたり。さすがに４～５０００万円する物件を、トラブルがある状態で高く買い取る業者さんはいないので。

太田垣：隣にどんな人がいるか分からないのに4〜5000万円の物件を買うのは、怖いなぁ。

昆　：新築の分譲をするときは、隣に誰が入るか分からないですし、隣の人の方が後から入るケースもありますから。

太田垣：賃貸なら、嫌だったら出ればいいですけど、買うとなると、そうはいきませんよね。

昆　：本当におっしゃるとおりです。買うことに対しては、ものすごいリスクがあるということです。

太田垣：戸建てもそうですよね。例えば、200坪ぐらいのところにぽつんと家が建っているというなら隣の家との距離はありますが、今の日本だと、家と家の距離はあまりないですよね。隣に変な人が住んでいたりすると、戸建てだ！　と喜んで買ったけれど、入居した後に、「え、これどうしよう……」というのもあるわけですよね？

昆　：もちろんそれもありますし、隣の人が普通の人だと思っていても、その人が売らないとは限らないですから、次に買った人が変ということもあるわけです。平和に何十年も暮らしていたのに、急に変わってしまうということもなくはないわけです。

太田垣：うわっ。それは最悪だわ。隣の人がすごい変というのは、告知義務も微妙ですよね。

昆　：そうですよね。これは、一つ間違えると差別になる可能性がありますから。例えば、隣に反社会的な人が住んでいることが分かっていても、借主や買主には告知していないと思います。暴力団の事務所が看板を掲げている場合は分かりますが、隣に指定暴力団の組の人が住んでいても、告知はしないです。

太田垣：きゃあ、それは本当に怖い！　家買うのってギャンブルみたい（笑）。

昆　：そうです。その辺りは非常に難しいところだと思います。僕が聞いた話では、暴力団事務所の組長さんが前に住んでいた家を買った人がいました。そうしたら、その組長と間違えられて、買った人が撃たれて殺されたという話を聞いたことがあります。

コロナ禍で不動産を購入する人が増えた

太田垣：コロナで増えてきた問題や変化はありますか？

昆　：賃貸の場合は、自死といった問題や変化がすぐ感じられると思いますが、売買に関しては、その影響は遅いと思います。

太田垣：売買の方も事故物件が増えているのだと思っていました。

昆　：不動産の場合は、例えば自死が増えていても、すぐにその物件を売却する人はあまりいないですから。そういった問題が起こっても。相続する登記の手続きが終わってから考える人もいますし、思い出があるので物件を持っていようと思う人もいます。すぐ売買に結びつかないので、うちに相談が入ってきている件数には、今のところあまり変わりはないですが、今年か来年ぐらいに売り物件がバーッと増える可能性はあります。

太田垣：私は去年の1月頃、中国の武漢でコロナが騒がれ出したときに、春節で中国人が日本に入って感染者が増えたら絶対に景気が悪くなるし、不動産はもう動かないんじゃないかと思ったんです。緊急事態宣言が出された時には、不動産が全部ストップするとビクビクしていたんです。ところが、その思いに反して、実はものすごく活発に不動産が動きました。登記をしていて、予想外でした。

昆　：たしかに、不動産はものすごく動いていますよ。

太田垣：本当に富裕層の人たちもいますが、そうではない人たちが、これから自分の年収が下がるけれども、ローンの審査は去年やおととしの年収で審査されるから、家を買うのはラストチャンス。今年の年収になるとローンが厳しいから、自分は生涯、家が持てない。だから今、家を買おう！　という人が多かったように感じました。

昆：おっしゃるとおりだと思います。

太田垣：おそらく35年のマックスでローンを組んでいるでしょうから、「これ、後々払えなくならない？」と、私はすごく複雑な思いでした。実際に昆さんも、肌でそういうのを感じられました？

昆：そうですね。私の周りにいる不動産業者の話を聞いていても、とにかく買い手が多くても売り物が少ないという状況は今でも続いています。

太田垣：今でもなんですね。この不透明な時期に、不動産を買うのは怖くないのかなぁ。

昆：そうですね。確かにローンもそうですよね。前年度の収入が多かったときに組めるけれど、下がれば組みにくいという状況だと思いますので、急いで買いたい人が多いでしょうし。あとは、これは永遠の課題なんでしょうけど、賃貸が安心なのか、買ったほうが安心なのか。金額の損得だけでなく、リモートワークなどの環境、社会情勢や周囲の意見なども心理に影響を与えていると思いますが、コロナ禍で買いたい人が非常に多かったということだと思います。

太田垣：今後、ローン破綻も増えてくるんじゃないかなぁ。

事故物件の特徴は「汚い、臭い」

太田垣：昆さんは、事故物件によく立ち入られると思いますが、何か特徴がありますか。例えば、こういう物件が自殺しやすいとか。

昆　：共通点はあります。それはなんといっても「汚い」と「臭い」です。

太田垣：あっ、それ分かる気がします。

昆　：そうですね。建物の中がきれいに整頓された事故物件は、今までに見たことがないです。

太田垣：それは事故になったその部屋の専有部分ということですよね。

昆　：はい。自分が見ているのはマンションが多いので、マンションの専有部分が汚いということです。当然、戸建てでも、外壁が蔦だらけだったり、ゴミが外に散乱していたり、生活環境が荒れているのが一目瞭然です。汚い、臭い、暗い。あとは、間取りが悪いというのもありますね。

太田垣：賃貸でトラブルになった室内とかも、すごく汚い。やっぱり同じなんだ。

昆　：私は、日本建築医学協会という協会に所属しています。これは不動産業者や建設業者、医師などで構成されているのですが、「病は気から」ではなく「病は家から」ということを啓もうしている団体です。つまり家がそこに住んでいる人の健康を損なう可能性がある、ひどい場合には、病気や自死に追い込んでしまう場合もある、それを未然に防ぐことを世の中に広めていこうという団体です。

太田垣：「病は家から」って、すごく分かります。具体的に家のNGポイントってあるんですか？

昆　：例えば、よくないとされているのは、古いアパートなどに多い、「玄関を開けたらキッチン」という間取りの家です。

太田垣：えー、なんでだろう？

昆　：玄関は家の入口で、キッチンは食事をつくる場所です。目的が違う場所が混在してしまっているような間取りは生活リズムが整わないので、そこに住む子どもの心が荒れやすかったりします。安いアパートが多い地域に不良少年が多かったりするのは、間取りが治安にも関係していると考えられています。

太田垣：それは興味深いです。いやぁ、もっとありますか？　知りたい！

昆　：玄関を開けるとすぐ隣家の壁があるような家もよくないとされています。玄関を出るたびに、壁が立ちはだかり、精神的に圧迫されます。そういう家は、そこに住んでいる人の前頭葉を壊すと考えられています。前頭葉は脳の司令塔のような場所ですから、そこが壊れると、うつになったり、自分を自死に追い込んだり、そういうふうになりやすくなるのだと思います。

太田垣：なるほど、なるほど。もっと聞きたい。他にもありますか？

昆　：他にはカビです。カビは目には見えませんが。人間は、一日に空気を20キログラい吸っています。その中にカビが含まれていれば、当然がんにもなりやすいといった要因もあります。

太田垣：以前カビだらけの家に住んでいる賃借人がいました！

昆　：嗅覚だけは前頭葉に直結しているらしいので、臭い匂いをかぐと、脳が壊れていくわけです。片付けをすれば気分がよくなるのに、「まあ、いいか」と後回しになって、ゴミ屋敷になるというようなプロセスも考えられます。

太田垣：高層マンションの高層階なども、自殺が多かったり、子どもの不登校が多かったり、おむつが取れるのが遅くなったりするということを聞きます。

昆：そうですね。6階以上に住んでいる人の流産率が倍になったりとか。建築医学では、高層マンションも絶対に勧めないですね。

太田垣：高層マンションは眺めは良さそうだけど……。

昆：北村俊則氏ほかの研究によると、高層マンションに住む妊娠関連うつ病（マタニティブルー）になる女性は、戸建ての4倍です。妊婦の流産率は、1～5階は6～7％に対し、6階以上では24％になります。子どものアレルギー性疾患の割合も、階数が上がるにつれて、高くなります。人間というのは、幸福感が高ければ高いほど、その人の心は気分がいいことで満たされている状態ですが、うつだったり自死などをする人は、絶望で心が満たされている状態です。でも絶望の中にあっても、職場環境、住まいの環境、家族環境など、一つでも光があれば生きていけると思うのです。つまり「住まい」という環境は、人間の健康に大きな影響を与えるのです。

太田垣：確かに、家に帰って来て、家が暗い、汚いと、くつろげるどころか絶望に向かう感じがします。

家は、心身の健康に大きく影響する

太田垣：では家を選ぶときは、どうしたらいいですか？

昆　：その人の目的にもよると思います。なぜ家を買おうとしているのか。当然、今よりも快適にしたいという目的の方は多いと思うのですけれど、簡単に言うと、家は一日の疲れを癒し、活力を充電する場です。家というのはそこに住む家族の幸せを育む場であるべきです。そういった自分の未来がよくなるような住まいを選ぶのが、ものすごく大事だと思います。

太田垣：そっか。目的かぁ。でも、私ならすぐ、お金を中心に考えちゃう。

昆　：たしかに、今の家賃が高いから安いところに引っ越したいとか、今は家賃をこれだけ払っているから安い物件を買いたいとか、お金の問題が家選びの中心になっています。家については、みなさんもっと勉強する必要があると思います。

太田垣：三角形の土地が悪いということを聞いたことがあります。

昆　：そうですね。殺気が湧きます（笑）。三角形の土地は火事も多いです。そういう視点で見ると、いろいろなことが見えてくるんです。

太田垣：他に買うときに注意すべきポイントはありますか？

昆　：家を買うときには、ここに住んだら未来がよくなる、運気が上がりそうだ、というところを選んだほうがいいと思います。予算の中で、できる限り建築医学の点数を上げていくことが大事です。安くて、がんや病気になるような可能性のある家を選んで医療費がかかるよりも、そのお金を不動産優先にしたほうがいいのではないかと思います。

太田垣：いやぁ、もう昆さんに家を選んでほしいです（笑）。

昆　：特に建築会社は、利益を出すために原価を抑えなくてはいけないし、多くのお客さんも安いほうがいいので、質の悪い物にして安く商品化できるようにしているところが多いです。家の断熱材が、もう本当に薄っぺらだったりしますね。

太田垣：えっ、ますます家を買うのが怖くなっちゃう。

昆　：事故が起きやすい特徴として、寒い家というのは一つ、絶対に入ります。近年増えているヒートショックによるお年寄りの死亡は、寒い家が原因です。ヒートショックというのは、室内の温度差が原因で、脳梗塞や心筋梗塞を起こすこと。例えば居室と脱衣場、浴室、トイレなどの温度差が原因だったりします。

太田垣：冬になると話題になりますよね。

昆　…そうなんです。近年は交通事故で亡くなる人の3倍以上の約1万9000人が風呂場で亡くなっており、その原因の多くがこのヒートショックだと言われています。つまり外に出かけるより、室内の方が危険ということです。

目に見えない部分ではありますが、暖かい構造の家を建てる、そういった家に住むということはとても大事なのです。

また、断熱材が薄ければ他の部分も推して知るべしということも知っておいて欲しいですね。

太田垣…でも、断熱材なんか見えないですから。

昆　…そうなんです。そういった見えない部分の素材へのこだわりは、家の値段にある程度比例はしますが、必ずしもそうとは限らないので、非常に難しいんです。

太田垣…たまたま購入した家がそうだったら、もう諦めるしかないんですか？

昆　…いえいえ、リフォームをしたり、家具やカーテンなどで改善できることもあります。人間は、同じ24℃の部屋でも、ブルーの壁と真っ赤な壁では体感温度が違うので、壁紙を暖色系の色にしたり、照明の色を昼光色ではなくて電球色にするだけで温かみを感じます。賃貸で壁紙を替えられなければ、カーテンや家具で少しでも温かみを感じるようにするといいでしょう。

太田垣：たしかに、暖色系って、癒される気がします。

昆　：購入した家であれば、柱などの面取りをして丸く柔らかみを出して、家に曲線を取り入れると癒やし効果を得ることができます。

太田垣：そうすると、コロナでローンが組めなくなるから焦って家を買う人は、変な物件を買ってしまわないよう、もっと慎重になったほうがいいですね。

昆　：そうですね。私は命の次に大事なのが家だと思っているので、家に関しては本当に慎重に考えたほうがいいです。赤ちゃんは、生まれる前はお母さんのお腹の中が家ですが、生まれ出てから自分の体を守るのは家ですから。例えば職場も、いい環境でないと、病気になったり、精神疾患になったりして、うつ病から自死が増えるわけですから、家から受ける影響はとても大きいのです。

第4章　コロナ時代の「家」とは

在宅時間が長くなったことで、人の何が変わっていったのでしょうか。

リモートワークで仕事をすれば、通勤時間という無駄がなくなります。場合によっては朝早くから自宅で仕事をしてしまい、気がつけば長時間労働になってしまうという人もいます。

もともと人と関わらずに仕事をしていた人にとっては、仕事をする場所が変わるだけで基本的には同じことなのでしょう。ただ今まで多少なりとも人と関わりながら仕事をしていた人にとってリモートでの仕事は、画面上での関わりはあっても人の温度を感じることはできません。


自宅でひとりで仕事をして、たまに外でお客さんと会うと、その時に自分でも驚くほど喋ってしまうと言う人がいました。

本人は最初分からず、人と会った帰り道、なぜか気持ちがスッキリしたことに気がついたのです。あれっ、なんだ、この感覚は。そう思い、次に人と会った時に意識していると、自分が急にお喋りになっていることを自覚したと言います。

リモートワークでは必要最低限しか喋らないので、実際に顔を合わせるとどうしても饒舌《じょうぜつ》になってしまったということでしょう。

「もともと職人としてひとりで仕事してきましたが、それでも今まではプライベートも含め人と会っていたんですね。それがコロナ以降、極端に人と関わることが減って、心のバランスを崩しだしていたのだと思います。自分では気がつかなかったけれど、人と会ってすごく喋る自分に驚きました。やっぱり人は孤独に弱いってことですよね」

靴職人の佐藤よしかずさんは、まさか自分の心が弱っていたとは思ってもいなかったと言います。同時にひとり住まいでいると、よほど意識して人と関わっていかないと、自分の精神が病んでいくことに気がつかないのではないかと警鐘を鳴らします。

「自分が少し鬱状態だってこと、ずっとひとりで家にいるとなかなか気がつかないんじゃないかな。自殺が増えているのも、分かるなあ。少しずつ鬱に入ってくることを、誰にも気づいてもらえないからね」

ガツンと頭を叩かれた気がしました。

正直、6月以降、若い女性の自殺が増えたことに「なぜ？」と少なからず思っていたからです。

彼女たちは、人と直接関わることが減って、自分が弱っていることに気がつかなかったのでしょう。そして自分の鬱々とした気持ちを、発散する機会も持てなかったのです。女性は男性よりも3倍喋る生き物と言われています。普段は喋ることで発散もできたし、喋ることで頭の中を整理することができました。ところがコロナで人と会うことが減り、喋る機会が激減しました。外に吐き出せない思いを、内に溜めこんで、そうして弱った気持ちが自分自身を「死」へと導いていったのでしょう。誰よりも、自分ですらこの変化に気がつかないまま……。

ゴミ屋敷は心の叫び

緊急事態宣言以降、ゴミステーションにゴミが溢れるというトラブルが続出しました。家にいることが増え、日ごろできなかった断捨離をするようになり、飲食店がテイクアウトを始め、家でご飯を食べる機会が増えて、必然的にゴミの量は多くなりました。

ただ一方で、これはまだ正常な精神状態だからゴミを出せたということ。気持ちが誤作動を起こすと、ゴミをゴミステーションに持って行くということすらできなくなります。こうして部屋の中にゴミが溜まってしまうということが起こるのです。

ちょうど夏の盛り、私は家主の中山かおりさんから電話をもらいました。

「物件の入居者からクレーム受けちゃって。ちょっと相談してもいい？」

聞いてみると、住人の方が悪臭に困っているということでした。中山さんは一瞬事故物件ということが頭によぎったそうですが、幸い、今回は違いました。

「匂いの原因の部屋に、行ったのよ。ちょうど家賃も遅れ気味だったから。そうしたら、入居者がドアを開けたら室内がゴミでひどいことになってるのよ。でも入居者はゴミの上を歩きながら、悪いと思っていないのか、妙に反応が薄いのよ。これってどうしたらいいの？」


私が賃貸のトラブルの訴訟手続きに携わるようになって20年近くたちますが、以前はゴミ屋敷の案件はそれほど多くはありませんでした。特に増えてきた感があるのは、この5、6年でしょうか。

家賃滞納をしている人の中で、部屋が汚いということはよくあるのですが、家賃を払っているけれど部屋がゴミ屋敷という案件も、年間10件近く相談を受けるようになりました。そして時代とともに、女性の住むゴミ屋敷が増えてきた印象です。

私が見てきた中で、ゴミ屋敷と呼ばれる部屋はどのような状態かと言うと……。

ドアを開ければ腰高くらいまでゴミが積もっていて、天井までの距離がとても短くなっているとか、浴槽にもゴミが入っていてお風呂が使えないとか、ゴミのために冷蔵庫の下のドアが開かないとか、もちろん寝る場所もないのでゴミの上で横たわるとか。書きだしたらキリがありません。

「足の踏み場がない」という言葉がありますが、ゴミの上しか歩けないような状態はよく見かけます。

トイレも、もともと便器の色は黒い色ですか？　と思ってしまうほど内側だけでなく外側も汚れていて、どうしたらこのようになるのか教えて欲しいと思うほどです。

ゴミから出る水分でフローリングが腐り、建物の基礎まで腐ってしまって建替えを余儀なくされた家主もいます。

鉄筋コンクリートの建物なのに、天井から何か落ちてくる、そんなクレームで確認をしたら上階のゴミの水分が落ちてきていたということもありました。結局その家主は物件を手放しました。ゴミの破壊力は半端ありません。

ゴミの大半は、ペットボトルや食べ物が入っている容器です。使い捨てソフトコンタクトレンズの容器が、洗面台のボウル部分に溢れていたということもありました。両目で一日２つ。それが１カ月で60。数カ月で……。汚い部屋にいても、コンタクトはするんだ、そんなことを思った記憶があります。

ゴミ屋敷は、ある日突然にこのような状況になる訳ではありません。今日片付けよう、明日やろう、そう思っている間に少しずつ部屋の中に飲み食いしたゴミが転がるようになり、分別が面倒でゴミ捨て場に持って行けず、気がついたらどんどん溜まっていたということなのです。

正常な感覚なら、その状態をおかしいと感じるのでしょうが、心が少しずつマヒしていくのでしょうか。

ゴミ屋敷は、心が壊れ始めていることが、形として出てきたという結果かもしれません。

ちょうどお盆休みの時期、私は中山さんに頼まれて現地に行きました。

物件の外側から見ると、バルコニー側にもゴミが溢れています。本来ならバルコニーの柵の間から窓が見えるはずなのですが、白いゴミ袋が積まれているので、窓は上半分しか見えません。バルコニーにはざっと30個ほどのゴミ袋がありそうです。これは完全にゴミ屋敷の兆候でした。

中山さんを困らせた入居者は、28歳の女の子でした。驚くことに、彼女自身はとても身ぎれいにしています。これなら外で会ったとしても、彼女がゴミ屋敷に住んでいるとは誰も思わないでしょう。それでもドアを開けた瞬間、マスクをしているにもかかわらず、ゴミの悪臭で口呼吸したくなったほどです。

中山さんが言っていたように、室内はゴミ袋が3重くらいに積まれている状態でした。彼女は壁に手を当てながら、バランスを取るようにゴミをかき分けて足場を探しています。

「ちょっと話してもいい?」

私がそう切り出すと、彼女はとても従順に答えてくれました。

賃借人には善管注意義務が課せられています。これは人から借りている物だけれど、自分の物のように大切に使わなければならないという義務です。

ゴミ屋敷は、明らかに善管注意義務違反となります。家主との信頼関係は維持できず、賃貸借契約の解除事由にもなり得ます。

「今の状況って、どう思ってる？」

入居者の女の子は、どこまでも従順です。ぽつりぽつり語ってくれました。

もともと彼女は派遣社員として、企業の事務仕事をしていました。６月に派遣切りにあい、今は貯金を切り崩して生活していると言います。

ちょうど緊急事態宣言の前くらいから、仕事を失うんじゃないかって不安になって寝られなくなっちゃって。今までは自炊していたけれど、とてもじゃないけど、そんな気持ちになれなくて。それでコンビニでご飯買うようになって。

そうしたらアパートのゴミ捨て場に、ゴミが溢れるようになったじゃないですか。分別がきちんとしていないから。

でも普段コンビニとかのお弁当を買ったことがなかったから、ゴミの分別ってどうしたらいいんだろうって思っていたら捨てられなくなってしまって。

そのうちにゴミ袋が、どんどん部屋に増えていったんです。

どうしたらいいんだろうって思いながら、誰にも相談できなくて。ゴミで流し台の扉が開けにくくなったら、余計に自炊するのが面倒になって。

コンビニに行くと、人と会えるから何かホッとするんです。スーパーだと人が多すぎて。それでコンビニに行っちゃう。

「レジ袋ください」って言葉発するし。

家にひとりでいると、誰とも喋らないから。


派遣社員はリモートワークもさせてもらえなくて。セキュリティの関係か何だかかって言われました。正社員は感染リスクがあるからって、自宅からリモート。派遣社員は会社に出勤して、仕事していました。やっぱり正社員とは差別されてるんですよね。

でも6月だったかな、いきなり派遣切り。業績が悪いからって。

次の職場なんてそうそう見つからないですよね。誰も頼れないから、先のこと考えたらますます怖くなって寝られなくなって。

でも食べていたら生きているって感じがするから。

それでまたコンビニ行っちゃう。病気なのかなあ。

でもいつの間にか、このゴミ袋がたくさんある状態が、普通になっちゃって。


女の子は新潟出身で、東京に憧れて10年前に出てきたと言います。高校を卒業して、東京の専門学校でパソコンや事務を学んでからずっと派遣で仕事をしてきたそうです。正社員になることは考えなかったのでしょうか？

「東京で初めて宝塚歌劇を観たんです。観たことあります？　別世界でしょう？　全身に電流が走ったみたいな衝撃というか、感動を受けて。どうしてもまた観に行きたくて。でも週末のチケットって取りにくいんです。だけど正社員だと平日に休みにくいから」

そうやってずっと宝塚歌劇を観たさに、派遣社員で仕事をしてきました。将来のことなんて、まだ考えもしていませんでした。いずれ誰かと結婚するだろう。それまで仕事して、大好きな宝塚歌劇の舞台を観に行って。次はいつどの舞台を観よう、そう思うことで仕事にも力が入りました。

ところがコロナでその歯車が狂ったのです。

唯一の生きがいだった宝塚歌劇の舞台は、休演が続きました。別世界の感動を生で味わうことができません。

そして景気低迷の余波で、派遣の職も失いました。

「部屋、もうこれ自分では片づけられないよね。業者さんに撤去してもらってもいい?」

私の提案に、女の子は素直に首を縦に振りました。軽トラック一台ではとても無理な量です。

業者に任せることに同意してくれて、正直私もホッとしました。これを「自分で……」なんて言われたら、いつまで経っても解決できないでしょう。

まずはこの部屋が元の状態になれば、一歩前進できます。


次は生活を立て直すために、お金の問題があります。

現在は無職。手元の貯金も、あと1カ月もすれば底をつきそうとのこと。私からは、いったん実家に戻ることを提案してみました。でも今まで従順だった彼女は、この提案は受け入れてくれなかったのです。

「実家は頼れません。お母さん、再婚したし。私、相手の人あまり好きじゃないから」

はっきりそう言い切る彼女に、何が何でも実家に戻るようにとは言えなくなってしまいました。次の仕事がすぐに見つかってくれればいいのですが、今の求人倍率からすると、なかなか期待できません。

私は住居確保給付金のことを伝えてみました。彼女はそのような補助の情報をまったく知らなかったようです。残念なことに必要な人に、必要な情報は届かないものだ……。そう感じました。

住居確保給付金

離職や廃業、休業等で給与などを得る機会が減った人に対して、最大9カ月自治体から家主に家賃相当額（上限あり）を支払う制度（令和2年度中に新規申請して受給を開始した人は最長12カ月まで延長可）。

この制度はコロナに限らず、支払いが厳しくなった人が家を失ってしまうと求職活動もしにくくなるので、その救済のためにあります。ただ一般の方々がどれだけ知っているかは疑問です。

貧困で苦しんだり病気になってしまったりするのは、全部その人の努力不足が原因だという考え方の自己責任論では「自分で情報を取りにいかない」者を責めます。でも追い詰められた状況で、どれだけの人が前を向けるでしょうか。今日生きることで精一杯で、さまざまな情報を検索する余裕などない人だってたくさんいます。

コロナ禍での10万円の特別定額給付金の支給ですら、行政がパンクしました。その混乱した状態で、誰が情報を発信してくれるというのでしょうか。

「こんな制度があるよ」、こういう時こそ、自主管理の家主や管理会社が入居者に情報を提供してあげて欲しい、心からそう思います。そのほんのちょっとのお節介で、どれだけの人が救われるでしょうか。

そして同時に、こうして心が弱った人は情報を得られずに、どんどん社会から置き去りにされてしまう怖さも感じたのです。こうやって日本は二極化が進んでいっているのかもしれません。

プロの業者に部屋を片付けてもらい、すっきりしたところで、もう一度私は彼女と家主と3人で会う機会を持ちました。

「部屋がきれいになったら、ちゃんと片付けようって思えるようになりました」

女の子の表情は、少し明るくなっています。

住居確保給付金のおかげで、ひと月のいちばん大きな固定支出が賄われるので、気持ちに余裕も持てるようになったと言います。

早く職を見つけて、仕事をしたい、そう微笑む女の子の目には力があります。これなら早い段階で職も見つけられそうです。

「自分では気づいていなかったけど、鬱っぽかったのかな。家主さんに声をかけてもらわなければ、どんどん悪くなっていったと思います。自分ではどうしようもできなかったから。だからとても感謝しています。給付金がもらえている間に、もうどんな仕事でもいいです。仕事を見つけて、これからはお部屋もきれいに使います」

彼女の部屋を後にして、中山さんと私は本当に胸をなで下ろしました。中山さんとは、暫く定期的に部屋を訪問するという約束もしたので、「声をかけ続けます」と中山さんもコミュニケーションの大切さを実感したようです。

新型コロナウイルスは、人々の心を縮こまらせてしまいました。感染するんじゃないか、感染したらどうしよう、職を失ったらどうしよう、給与が減ったらどうなるんだろう、そう思うことでどうしても前が向けません。だからこそ元気な人からの声掛けが必要なのです。

情報が溢れる中、自分に必要な情報を選ぶ余裕もありません。だからこそ必要な情報を提供してあげて欲しいのです。

そうすることで、皆で新型コロナウイルスに立ち向かっていくことができます。一緒に乗り越えて行こう、こんな気持ちが住む場にあれば、どれだけ嬉しく心強いことでしょうか。

大阪の家主の橋田和正さんは「危なそうな子には、どう？ってずっと声かけてるよ」と教えてくれました。特に単身者は、このような災害時には孤独です。家主側からの声掛けを、とても心強く感じるはずです。

これが単に「大阪」という土地だからできるという限定的なものだと思いたくはありません。東京のような大都会でも、それは同じだと思うのです。

自分を気にかけてくれる人がいる、そう思って嬉しくない人はいないはずです。地道な声掛けが、追い詰められた末のゴミ屋敷や自殺を防ぐことになると私は信じています。

家は住むだけじゃない

２０２０年、65歳以上が国民の約30%となった日本では、当然ながら家主にも高齢者が増えてきました。若い家主なら、入居者が滞納したらすぐに督促するでしょう。解決しなければ、誰かに相談することもできるはずです。でも高齢者になると、すぐには行動に移せなくなります。

83歳になる家主の山本佐知子さんの相談を受けたときには、賃借人から半年以上家賃が支払われていない状況でした。

逆算すると春ごろから、家賃が支払われていません。

「誰に相談すればいいのか分からなくて。それにコロナでしょう？　家から出るのも億劫でね」

佐知子さんは管理会社から私のことを聞いたらしく、困っていらっしゃったので私が現地に行きました。

駅からほど近い建物は、築40年以上経っているでしょうか。周囲の新しい建物に取り残されたようにひっそりと建っていました。1階が家主の住居で、外階段から上がって2階に2部屋ある木造アパートです。家主が下に住んでいるとプライバシーが確保しにくく、建物の風貌からすると若い人を集客するには厳しそうだなというのが物件の第一印象でした。

ところがこの2階に住む滞納している入居者は、予想に反して26歳の若い男性でした。家賃は6万円の1K。東京23区の駅近となれば、格安物件の部類です。この物件を選ぶということは、地方から出てきて最新の設備までは求めず値段を重視したのかなと想像しました。

家賃収入を生活費としているので、収入が半減すれば年金暮らしの佐知子さんにとっては痛手です。

「私がひとりで1階に住んでいるので、2階に孫みたいな子が住んでくれると安心かと思ってね。まぁ、良い子なのよ。だから余計に督促できなくてね。でもこの建物も、売ろうかと悩んでいるのよ。駅近だから売ってくれとうるさくてね。こんな古い建物だから、壊すのも簡単なんでしょ？　壊して若い子が好みそうなアパート建てたいみたいよ。ずっと住み続けたい気持ちもあるけど、こんなコロナとか出てきたら、もうひとり暮らしも不安だしねえ」

連日の新型コロナウイルスの感染者の報道ばかりを見ていれば、心細くなってくるのも当たり前です。佐知子さんは物件を売って、終の棲家に移ろうかと悩んでいる最中でした。どちらに転ぶにしても、滞納状態の入居者は何とかしなければなりません。

せっかく物件まで来たので、2階に住む入居者を訪問してみました。

カンカンカンと足音が鳴る階段を上がると、奥の部屋が滞納している男の子の部屋です。今どきインターホンもありません。ドアをノックしたら、隣の人が反応しちゃうんじゃないかと心配になりながら、部屋の中からの反応を待ちました。

「はい……」

日曜日の昼下がり、若い男性はこの古い木造アパートにいました。中から出てきたのは、純朴そうな目をしたまだ幼さの残る男性でした。

「家賃のことで大家さんから依頼されて来ました。少しお話しできますか？」

せっかく会えたので、場所を変えようと私たちは駅前のカフェで話をすることにしました。

男性の名前は西山了くん。どうやら今は仕事をしていないようです。第一印象のままの、誠実な語り口でいろいろ話してくれました。

僕が鬱病になるなんて、思ってもなかったです。どちらかと言うと、年齢の割には、けっこう稼いでたんですよ。年収も400万円ほどありました。だから僅かだけど実家に仕送りもしてました。親ももともと裕福ではないので。

仕事はITです。18歳で四国から東京の専門学校に通って、その時から今のアパートで。もっと新しい部屋に引っ越そうと思うこともあったけど、1階におばあちゃんがいるこの部屋が落ち着いたから。

でもそれなのに家賃払えてなくてすみません。

コロナが騒がれ出した頃から、仕事がすごく忙しくなったんです。もともと夜も遅かったけど、仕事量が半端なくて。

世の中が急にリモートワークとか騒がれるようになったでしょう？　社長は俺らの

時代がきたって、ばんばん仕事とって来るんですよ。とにかく忙しくて、休みなんて取れる状態じゃなかったんです。

でも一方で、連日コロナ感染者の報道があるじゃないですか。なんか僕、怖くなっちゃって。社長はコロナなんて風邪だって。体調悪くても、気合だって。

これじゃコロナに感染しても、仕事休める雰囲気じゃないなって。だから妙に神経質になっちゃって。電車乗るのも怖くなっちゃったんですよ。

もともとリモートワークとかもしていたから、自宅で仕事するようになって。そうしたら朝のニュースとか観ちゃうんですよ。感染者数がどんどん増えて行って。どんな風になるのかも分からないし。志村けんさんが亡くなったじゃないですか。もう怖くて、怖くて。

そして気がついたら仕事ができる状況ではなく、会社も解雇されてしまったということでした。四国の実家は小さな土産物店を営んでいますが、観光客が激減して大打撃を受けているために頼れるどころではありません。

いったん実家に戻れば、少なくとも住宅にかかる費用はかかりません。それでも西山くんは戻れないと言います。

「僕の実家、そんなに大きくないんですよ。しかも姉が離婚して子ども連れて実家に戻ったから、僕の戻れるスペースなんてなくて」

実家を頼るどころか、むしろ実家から援助を求められている西山くん。まだ26歳だと言うのに、この現状を親に伝えることすらできていません。

落ち込んだ気持ちは、メディアの情報を完全にシャットアウトすることで、少しずつ回復はしてきたようです。でもまだ求職活動するまでには至っていません。

「家賃払ってなくてすみません」

西山くんは何度も繰り返し頭を下げます。

26歳と言えば、大変なときには、まだまだ親を頼りたい年頃です。自立していたとしても、ほんの僅かな躓《つまず》きに耐えられる経済的基盤もないでしょう。しかしバブル崩壊後、日本経済は低迷を続けてきたので、大人世代も同じかもしれません。

リーマンショックの時は、一部の上層界の人がダメージを受けたので、一般人はそれほど生活が変わることはありませんでした。今回の新型コロナウイルスは、大半が何がしかの打撃を受けています。

観光業や飲食業だけでなく、いろいろな業種にもじわりじわりダメージを与え続けています。どの業界も安心していられる訳ではありません。

このまま家賃を払わない状態で明け渡しの訴訟手続きに入れば、遅かれ早かれ西山くんは住む場所を失います。

住む場所を失ってしまうと、履歴書に住所を書くことができず求職活動もできません。現在仕事を探そうとしている西山くんからすると、とても大きなダメージです。何とかこのことだけは避けたいと思いました。

「佐知子さんも家賃が入らなければ、生活が厳しくなるからさ。このまま物件を持ち続けるかは分からなくなるよ。家賃を正常に払えるようにするか、誰かのところに避難するか、ちょっと検討してみて」

もしかしたらこの物件がなくなるかもしれない、私のその言葉が「追い出される」よりも西山くんの心に響いたようです。

「僕まだここに住みたいです。おばあちゃんといると田舎にいるみたいで、落ち着くんです。ここに住み続けたい。だから急いで仕事探しします」

佐知子さんが「良い子」と言っていたように、西山くんは決して嘘をついたりするずるいタイプには見えません。

とりあえずここから連絡をとりあって、何か変化があればすぐに双方が伝える約束をして、この日は別れました。


佐知子さんに報告すると、「あぁ、やっぱりね」とつぶやきました。

いつも元気に挨拶する西山くんを暫く見かけなくなったので、おかしいと思っていたようです。

家賃滞納は、佐知子さんにとっては大きな収入減です。それでも年金があるため、生活ができないほどではありません。西山くんの状況が分かって、佐知子さんも思うところがあるようでした。

佐知子さんから訴訟手続きをとるかどうか、少し考えたいと言われ、正式に訴訟手続きの委任を受けた訳ではないのもあり、しばらく日常の業務に追われて、この件は頭から完全に抜け落ちていました。

物件に行ってから、ひと月くらい経っていたでしょうか。お恥ずかしいことですが、この件のことを、私は西山くんからの直接の電話で思い出したのです。


「太田垣さん、仕事決まったんです。ただ相談したいことがあって」

西山くんの声は、ひとつ山を越えた感がありましたが、まだ何かありそうです。

「仕事は決まったんですけど、最初の3カ月は試用期間で給料も少ないんです。毎月の家賃は払えますが、溜まっている滞納分の支払いが月に2万円くらいしか難しくて。収入が増えるまで、支払いに2年ほどかかる計算になってしまうんです。でもどうしてもここに住み続けたくて。それでという訳じゃないんですが……」

西山くんの提案は、こういうことでした。

佐知子さんは、現在83歳。電球を替えるだけでも一苦労です。そんな日常生活の細々としたことを、お詫びに西山くんが買って出たいというのです。それで滞納分の支払いが長期になるけど、許してほしいということでした。

西山くんの祖母は既に亡くなっていますが、もともとおばあちゃん子。この東京に出てきて、自分が鬱になったのも人との関わりが少なかったから。西山くんにとって、家はただ単に寝泊まりするだけでなく、家族的なものを求めるものだと言うのです。かと言って、シェアハウスとかは、またちょっと違うようです。

部屋を貸してもらって、でも家主さんの役にも立ちたい。それがこの東京で生きて行くために必要だと気がついた、西山くんの行きついた答えでした。

物件の売却も検討していた佐知子さんが、どういう決断をするのでしょうか。

西日本で生まれ育った西山くんと、東京育ちの佐知子さん。大家と店子の立場で、人との関わり方に温度差もあるかもしれません。

多世代同士が支え合うことはとても素敵なことですが、現実にそんなことができるのでしょうか。

私にとって、佐知子さんはたった一度お会いしただけの方。どのような判断をするのか、まったく見当もつきませんでした。

電話をしてみると、佐知子さんはいとも簡単に返事をくれました。

「いいじゃないの。若い子を応援したいわ。何かを手伝ってくれるというなら、それも心強いわ。ここを売却することも悩んだけど、これまで気ままに生きてきたから、やっぱり老人ホームに移るのも自信がないの。先のことはあまり深く考えず、滞納分が長期であっても払ってくれるというなら、それを見守りましょう。いろいろ間に入ってくれてありがとう」

佐知子さんは手伝い云々というより、孫のような西山くんを応援したいという気持ちが強いようです。

新型コロナウイルスが教えてくれた、人と繋がる大切さ。それには信頼関係が絶対条件となります。西山くんには、この先何年かかっても、滞納分を完済してほしいと思います。

そして住まいは寝るだけの場所ではなく、心を休める場所。それは空間だけでなく、人との血の通った関わりも必要なのでしょう。単身者の場合、それを隣人や家主と持てたなら、こんな心強いことはありません。

地域差もあるでしょうが、いとも簡単に心は壊れるものだと教えてくれた新型コロナウイルス。ならばその心の弱さを、住む場所での心の通い合いで補っていきたい、そんな動きがとても嬉しかった案件です。

コロナで仕事が少なくなった

安住治郎さんは75歳。春頃から家賃の滞納が始まりました。

もともと20年以上この物件に住み、最初は奥さんとお子さんと家族３人で住んでいたのです。それがやがて離婚。ひとりになっても、住み続けていました。

家主の服部一誠さんが督促をしても「払います」と言うだけで、滞納分はじわりじわりと増える一方です。その額は１００万円になろうとしています。

この部屋は家族と住んでいたので、45㎡の広さがあり、家賃も10万円もします。年金生活者には、かなりの高額物件です。それでも「払う」と言われてしまうと、服部さんは「じゃ、お願いしますね」と引き下がるしかありませんでした。

服部さんが退去を促しても「どうしても住み続けたい」「この地から離れたくない」安住さんはそう言います。それでもこのまま家賃を払い続けられるでしょうか。

不安になった服部さんは、私のところに相談に来られました。

70歳を超えると、高齢者ということを理由になかなか部屋を借りることができません。同時に収入をアップしていくことは、年齢的にも厳しいものがあります。このまま住み続けて良いことは何もない、私はそう判断しました。

服部さんからすると、滞納額を払いきってから退去して欲しいという思いがありますしかしながら家賃滞納案件に関しては、一日も早く退去してもらい、流血（滞納）を止めることが必要なのです。そうしなければ、滞納額がどんどん増えていく可能性も十分にありえます。

とりあえず退去してもらい、そこで滞納額を確定して、それから分割で払ってもらう、これが重要なのです。

私の説得に、家主の服部さんはやっと納得してくれました。

まずは安住さんに内容証明郵便を送りました。これは滞納額を一定の期間内に全額支払うよう促し、そこで期限までに全額の支払いがなければ契約を解除します、というものです。契約を解除して初めて、訴訟が提起できます。

内容証明郵便を送った翌日、安住さんは郵便物を受け取りました。そしてすぐに電話がかかってきました。

「ここにずっと住み続けたいです。滞納分は何とかお支払いしますから、このまま住まわせてください」

安住さんは、絶対に転居は嫌だと言います。その気持ちは分かりますが、滞納している以上仕方がありません。

どうしてこの物件に拘るのでしょう。他にも部屋はいっぱいあるはずです。私は安住さんの話を聞いてみることにしました。

この地で生まれ育ったんですよ。他に行ったことがない。

結婚して子どもが生まれて、ここに引っ越してきました。家族の思い出がたくさん詰まってるんです。離婚して子どもは母親に連れられて出て行ってしまいましたが、いつか子どもが会いにきてくれるかもしれない。そう思ってるんですよ。私が引っ越ししてしまうと、もう二度と会えなくなってしまう気がするんです。子どもとはいえ、私の転居先をわざわざ探していくって、今の世の中では大変ですから。

年金はもらっています。でもそれじゃとても生活できないです。年金額は家賃くらいですから。生活費は、友達の会社でアルバイトさせてもらってるんです。それがコロナで止まっちゃって、だから払えなくなってしまって。

この年だとなかなか、働く場が見つけられないんです。こんなに健康で体力もあるのに。でもここに住みたいので、何とかがんばります!

家って、思いが詰まっていて。別れた子どもとの唯一の繋がりのような気がするんですよ。ただの生活の場だけじゃないんですよね……。

だから、だから絶対に出られないんです。

安住さんの事情が分かりました。だから必死にこの家に拘っていたのでしょう。ただ正直、今の年齢からすると、収入は下がることはあっても、上がることはありません。ましてこれから働けなくなったり、病気になったりしないこととの闘いです。

年金だけで生活できる余裕がない場合、とにかく生活保護の支給ラインである家賃帯の物件に引っ越すのがいちばん安全です。というのも多くの人が憧れるPPK（ピンピンコロリ）以外、年齢や体調不良で年金以外の収入はいつか減るからです。

そうなってから生活保護の申請をしようと思っても、今住んでいるところの家賃が高ければ申請が通りません。生活保護を受給しようと思えば、その段階で生活保護の基準に合う物件に引っ越さねばならないのです。

ただし、現在（今後は高齢者が激増するので改善されると思いますが）、70代になると賃貸物件を借りることがかなり難しい状態です。お子さんが近くにいてサポートするとか、それなりの資産があるとか、よほど好条件が加わらないと、リスクが高いということで貸してもらえません。

年金だけでは生活費が足りず、貯金が潤沢にある場合でなければ、まずは万が一生活保護申請をするようになっても通る基準の物件に引っ越しして、働ける間はできるだけ働いて、どうしてもダメになったら足りない分を補塡してもらうというのがいちばんの得策になります。

安住さんのお気持ちは分かりますが、年金が家賃と同額となれば、いずれどこかで引っ越ししなければならない時が（宝くじが当たらない限り）やって来ます。今はまだお仕事をしている状況なので、ここがラストチャンスだと思うのです。

「年齢は75歳だけれど、まだまだ働いていますよ、だからお部屋貸してくださいね」

これなら、まだ借りられる部屋もあるはずです。私は一生懸命にこのことを伝え、安住さんに今のうちに引っ越しするように考えてとお願いしました。

即答できない安住さんは、「暫く考えます」ということで、この日は電話を切ったのです。

内容証明郵便での期限内に滞納額全額の支払いがなかったので、私は明け渡しの訴訟を提起しました。長年お住まいの高齢者の方に、訴訟という手段を使って出て行ってもらう、これは気持ち的にとても苦しいものです。ただ一方で、家主もボランティアではありません。安住さんの場合、現状が劇的に改善される見込みもなく、むしろ悪くなる可能性しか秘めていないので立場上、仕方がないのです。

訴状が安住さんに送達された頃、また安住さんから電話がかかってきました。

「またコロナでアルバイトが減ってしまいました。もうダメだな。やっぱり引っ越さないとやっていけそうにありません……」

新型コロナウイルスで、安住さんのアルバイトはどんどん減っていきました。毎日のように求人を探しても、75歳では働ける場がありません。今までも知り合いのところで車を洗ったり、いろいろな力仕事をしていましたが、知人から仕事を減らされてしまえば、次の仕事の確保は難しいでしょう。

「頑張っていれば子どもが会いにきてくれるかなと思ってたんです。でももう決心がついた。引っ越し先が決まったら、また連絡します」

引っ越し後も滞納額を分割で支払っていかねばなりません。それも考慮しての家賃設定で、部屋を探してもらうことになりました。

「踏ん切りがついただけでも、新型コロナウイルスのおかげかもしれない」

今までお子さんのことを考えて、この物件で踏ん張ってきたことが、皮肉にも新型コロナウイルスによって方向転換を強いられることになりました。ただ安住さんにとって、長い目で見ればいい選択だと思います。

あとは貸してくれる物件が見つかるかどうか……。

「知り合いにも声をかけつつ、いちど役所に相談してみます」

収入が減りつつある中、75歳の安住さんの転居先が見つかるでしょうか。せっかく決意した心が折れないように、私も一緒に部屋探しをすることにしました。


約2カ月。安住さんの知り合いのご尽力で、幸運にも新天地が見つかったのです。新型コロナウイルスのせいで訴訟手続きが通常より大幅に遅れていたので、裁判の日よりも前の退去となります。明け渡しが完了すれば、訴訟も取り下げができます。早くの退去となれば、家主さんの負担も少なくて済みます。

鍵受け渡しの日、現地に行くと部屋はぴかぴかでした。

「フローリングはワックスがけしたよ。バルコニーもモップで水苔をとったから、きれいでしょう？　家主さんに迷惑かけたから、せめてものお詫びに一生懸命心をこめて掃除したよ。何日かかけて掃除していたら、いろんなことを思い出してね。20年も住めば、家にはいろんな歴史も刻まれるよね。今回、新型コロナウイルスで高齢者の重症化が多いって言うじゃない。自分も初めて『死』を意識したんだよね。まだまだ先だと思っていたけど、ある日突然亡くなるってこともちゃんと考えておかないとなって。だから家じまいも必要だったんだよ。新型コロナウイルスがなければ、このまま住み続けることしか考えなかったから、本当にいい機会だったと思う」

安住さんのこの言葉で、私は泣きそうになりました。

この日に至るまで、安住さんにはやっぱりこの家に住み続けたいという気持ちがありました。そこを受け止めながら、私は説得していくしかありませんでした。それは安住さんにとっても、私にとっても、とてもタフな作業でした。

年を重ねると、先のことを具体的に想像したり、それに対して予防したりすることが面倒になるのか、根気がなくなるのか、考えたくないのか、将来のリスクを納得してもらうのに、とても時間がかかります。いちばん怖いのは、信頼関係が崩れ、連絡が取れなくなってしまうこと。そうならないように根気よく話し合っていくしかありません。

新型コロナウイルスという得体の知れない恐怖がなければ、この結果は生まれなかったのではないか……そう思います。賃貸トラブルに携わって20年弱。数えきれないほどの退去立ち会いをしてきましたが、ここまでぴかぴかな部屋は初めてです。

「安住さん、とにかく健康には気を付けてがんばってくださいね」

私の言葉に「健康でなくなったら滞納分払えないからね。がんばるよ。これからもよろしくな」と言って歩いていく安住さんを、私は見送りました。

家って、なんだろう。自分が素に戻れる場所。癒しの場所。家族の笑顔がある場所。生活の基盤。寝るところ。家ってなんだろう……。何度も考えました。答えは人の数だけあるのかもしれません。ただ少なくとも新型コロナウイルスは、人々が「家」というものを考える大きなきっかけになったことは間違いありません。

第5章

不動産ドミノ倒しはあるのか

緊急事態宣言以降、在宅勤務は確実に増えました。

賃料の高い広いオフィスが、本当に必要なんだろうか、そう感じた経営者も少なくなかったのではないでしょうか。

家賃はオフィスにしても住居にしても、固定費の中でもいちばん大きなウェイトを占めています。その固定費を下げることができたら、どれだけ楽になるだろう……そう考えるのは当然のことです。

一方、家にいる時間が増えると、今までの「寝るだけ」の空間に、仕事をする際の快適さや、家族と過ごす際の快適さを求めるようになりました。単身者も空間の狭さに、ストレスを感じるようになりました。

そこで「リモートに最適な広い空間」ということで、郊外への転居が提案されるようになっています。

毎日通勤するならば、ある程度職場と近い場所を選んでしまいます。それが月数回の出社でいいなら、郊外でも十分じゃないかということです。むしろ日々リモートで仕事するのなら、最適な空間を重視しましょう、と促されるようになりました。

データから見える賃貸事情

このコロナで賃貸住宅市場はどうだったのか、少々、データから見ていきたいと思います。

公益財団法人日本賃貸住宅管理協会、日管協総合研究所が2020年4月から同年9月までの動向を、協会の会員を対象に調査したものです。

賃貸住宅の成約数は、全てのエリアにおいて減少しました。

感染率の高い首都圏では、特に減少比率が半数近くに上っています。

これはそもそも賃貸業界の繁忙期ともいえる2月、3月の時期から新型コロナウイルスの感染が叫ばれ、4月に緊急事態宣言が発令されたので、動くに動けなかった（店舗に行けなかった）ということもあるでしょう。実際に物件を内覧したいと思っても、自由には行けません。

今でこそ各社がオンラインでの内見のために映像を撮ったり、担当者が動画で現場の室内をリアルに見せたりという対応をしていますが、当初はそこまでできなかったので、必然的に件数が減ってしまったのだと思います。

そして興味深かったのが、成約した賃料です。首都圏は約6割が変化なしと回答しているのに比べ、関西圏はワンルーム・1DKについては賃料を下げての成約が増えたことです。転勤者が減ったこと、そして学生たちがリモート授業のため部屋を借りるニーズが少なくなったことが原因だと思われます。

かろうじて首都圏では、同じ条件でも約15%は賃料が上がっているにもかかわらず、関西圏の賃料アップはゼロです。まだまだ経済の中心は首都圏だということでしょうか。

この新型コロナウイルスの台頭以降、安い価格の物件はあっという間に次の入居者が見つかりますが、通常の一般的なワンルーム等は退去されると次の入居者を確保するのが難しいという声を聞きます。単身者は、固定費を安くしようという流れになっています。

実際9月に個人的に物件を探したのですが、複線が乗り入れる都内の城南エリアで人気の東急電鉄の大岡山駅ですら、新築物件の入居申し込みが鈍かったのです。

全国の賃貸物件成約件数（2020年度上期）

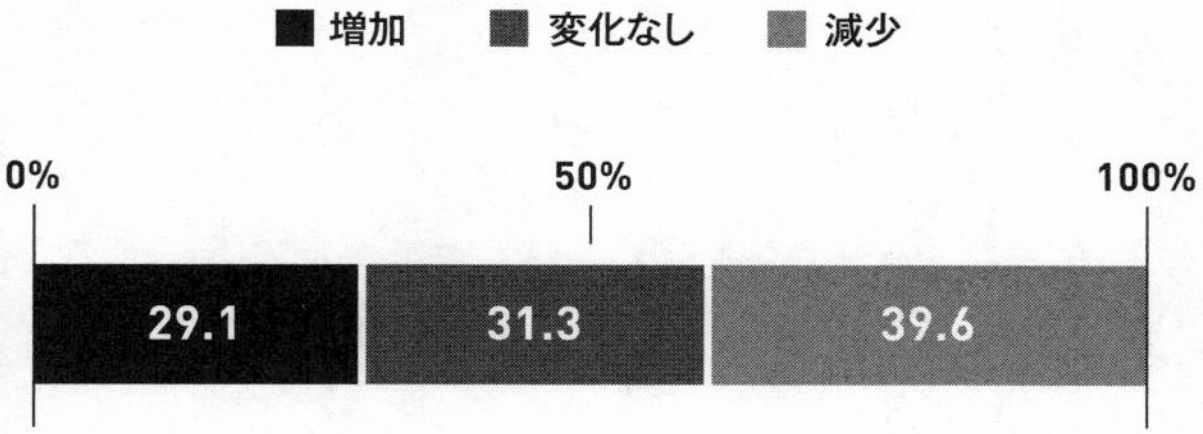

- 全国では、「減少」比率が最も高い。
- 新型コロナウイルスによる移動自粛の影響で、賃貸物件の成約件数が減少したと推察される。

出所:「日管協短観」をもとに編集部で作成

駅から歩いて7分ほど。新築物件となれば、建築中から申し込みで満室になるエリアです。それでも完成間近でありながら、6部屋のうち1部屋しか申し込みがない状況でした。

「収入のある単身者や共働きの夫婦たちが好む、少し広めの50㎡で20万円弱。決して高すぎる設定ではありません。このエリアではすぐに埋まる価格帯なのですが、コロナの影響なのか動きがとても鈍いです。圧倒的に安い物件に申し込みが入っている状態です」

地元の不動産会社の営業担当者が言うように、東京の他のエリアも、新築物件の空きが目立ちました。首都圏でもこの状態ですから、東京以外では家賃帯を下げたところもあるのではないでしょうか。

調査でさらに面白いなと思ったのが、入居時の条件交渉です。

首都圏では一般的に部屋を借りるときには、礼金と万が一のときのデポジットとして敷金を1、2カ月分支払いますが、感覚的には、初期費用が安くなっているという印象です。最近では少し都心から離れると、礼金なしという物件すらあるくらいです。

成約賃料の変化（2020年度上期）

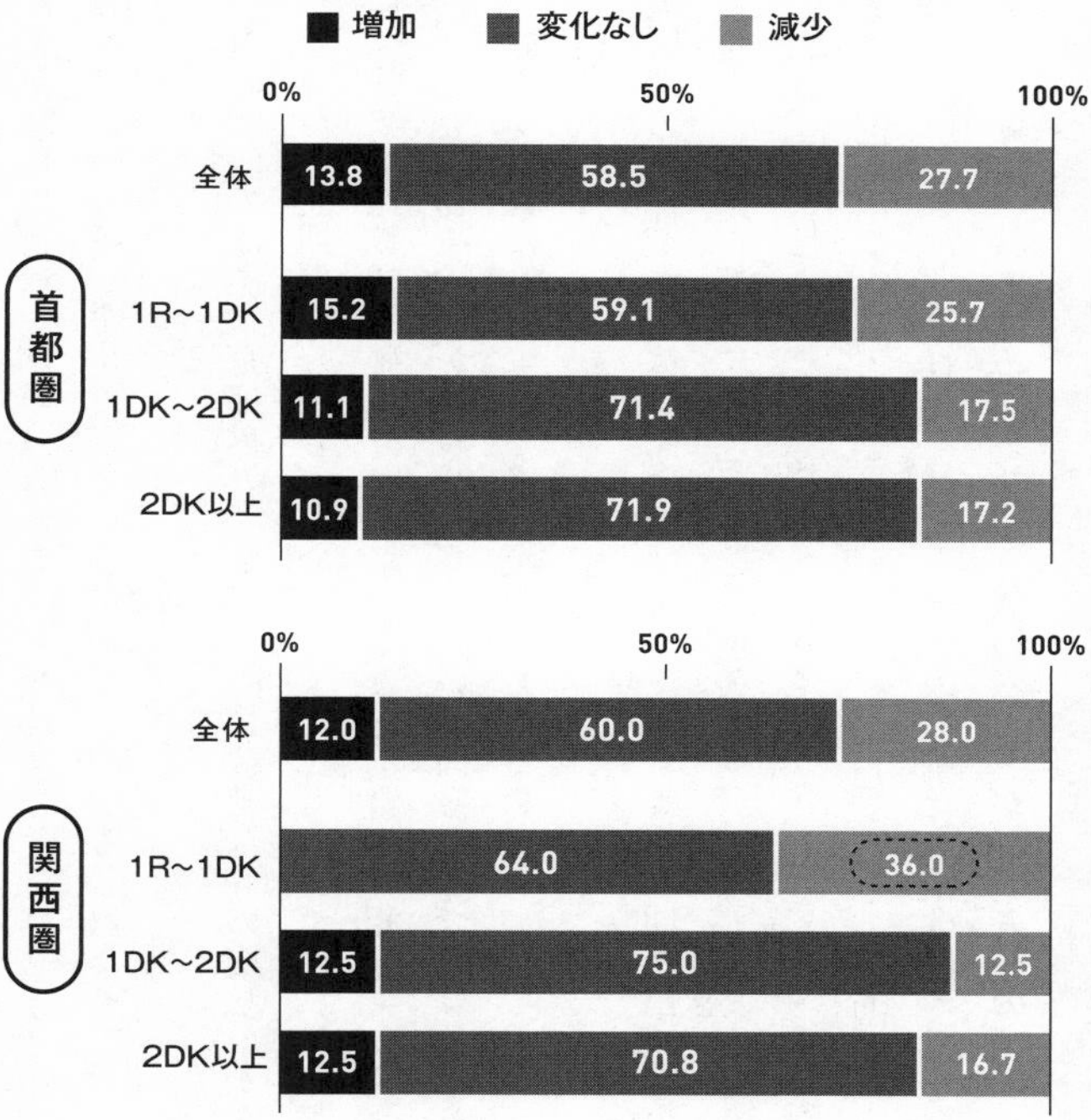

ポイント

- 関西圏において、1R~1DKの「減少」比率が4割弱と高い。
- 大都市圏における学生や転勤者ニーズの減少などを背景として成約促進策として募集賃料を減額したことが影響したと思われる。

出所：「日管協短観」をもとに編集部で作成

ただ更新時に更新料が求められるので、平均居住年数は2～4年。2回目の更新料を支払う前に引っ越しをする、という例が多いのかもしれません。

一方の関西では主に京都以外、借りる際には敷金等の支払いが高いのですが、更新料がないため長期間住む場合が多いのです。これは首都圏に比べ、オフィスエリアと居住エリアが比較的明確に分かれていること、電車の相互乗り入れが少なく、転職したとしても通勤ルートが変わりにくいという面もあるでしょう。そのために関西圏では、あまり頻繁に転居するという傾向がありません。

入居時の条件交渉では、関西圏は賃料や敷金等の初期費用減額の交渉が多くなっています。これは首都圏に比べると2倍前後です。どうしてでしょうか。

これは、「まけてぇな」と値切る文化というか、言いやすい風潮があるからだと思います。関西出身の私も「これがいくらだったらな」と、関西ではまずは「まけて」と言っていました。それがダメでもいいのです。まずは言ってみる、これが浸透しています。難しい話ではありません。値切ることが、ひとつのコミュニケーションでも

入居時の条件交渉

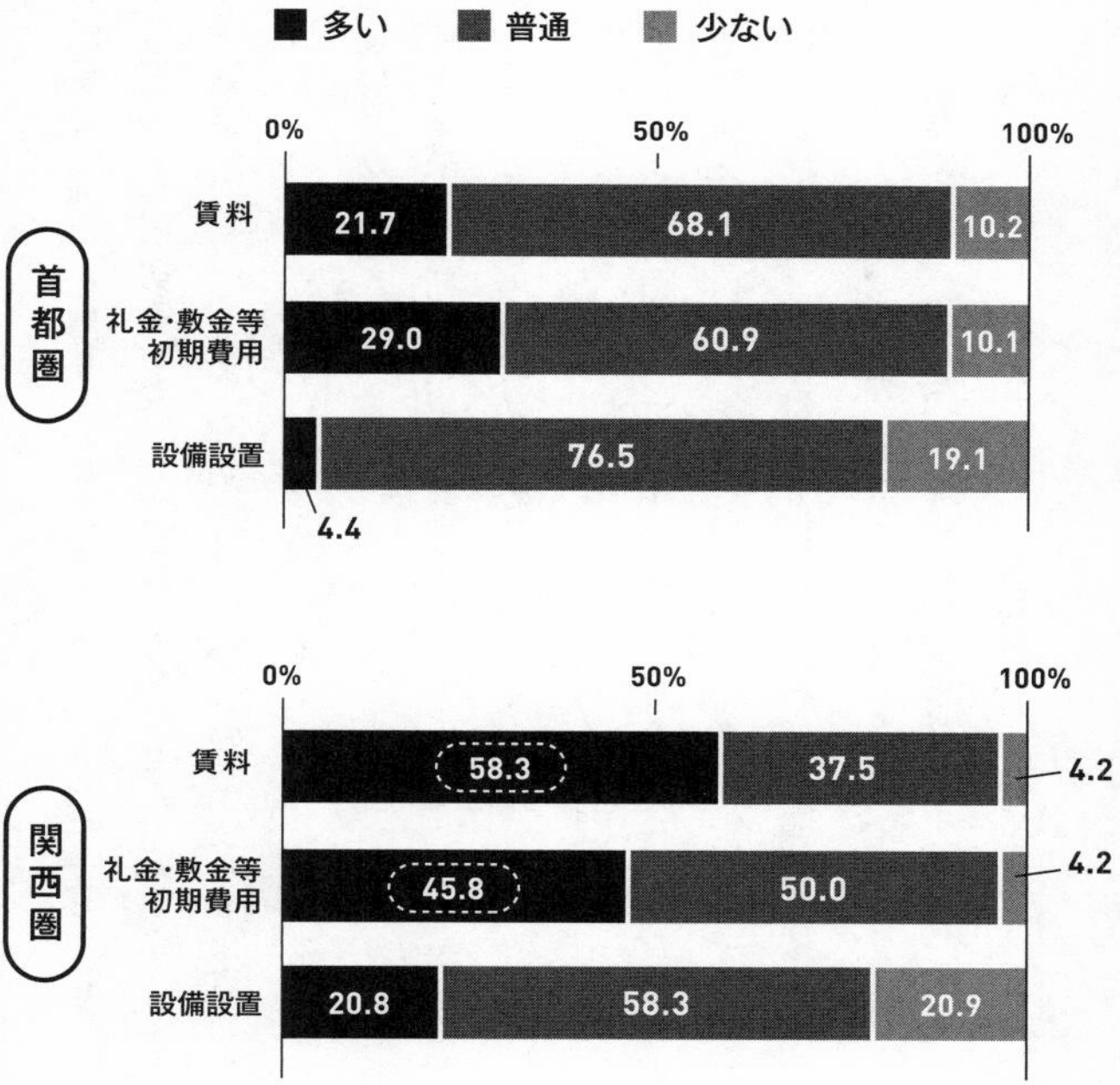

ポイント

- 全体として条件交渉で主な対象となる項目は、賃料や礼金などの初期費用であるが、首都圏と比較すると、関西圏においては、特にその傾向が強く出ている。

出所：「日管協短観」をもとに編集部で作成

あるのです。

その延長で、部屋を借りるときにも、ダメもとで「安くして」と言えるのです。ところが首都圏で「値切る」という文化はありません。少なくとも、「それなら結構です」という空気感が漂っています。それが分かるので、私も東京に来てからは、「まけて」というコミュニケーションは取らなくなりました。それが東西の明らかな差であることは間違いありません。

この調査結果は、初期費用の高さ・低さというよりは、値段交渉する文化があるかどうかの差だと関西出身の私は感じています。


そして何よりも新型コロナウイルスが管理会社に与えたものと言えば、第1章でもお伝えした通り、クレーム対応処理等の臨時業務の増加でしょう。

さらに店舗やオフィスに対して行われた家賃減額請求は、国からの「家主に寛大な対応を求める」との要望に、多くの家主が悩まされました。

その板挟みになったのが、管理会社の担当者です。

多くの家主が返済を抱えながら、賃貸経営をしています。そのために家賃減額請求を受け入れてしまうと、そもそもの賃貸経営が成り立たなくなる可能性もあります。国の後ろ盾をもらった入居者側の強気な減額請求に、当初家主側への補助は何もなく、その調整役である管理会社は翻弄されました。

直接当事者たちと会う機会も持ち辛いこのコロナ禍の中、むしろ顔を合わせないからと強く思いをぶつけてくる入居者。その思いを受け入れたくても受け入れられない家主側。この状況で国が「家主寛大に」なんて言ったものだから、話はさらにこじれてしまいました。その結果、管理会社はまさにその蝶番として、双方からのサンドバッグとなってしまったのです。

首都圏では、解約が目立ったことも顕著でした。授業が全面的にリモートになった学生や、地方から東京に仕事に出てきた人たちが職を失い、いったん実家に戻るという理由での退去が相次ぎました。また外国人労働者がコロナで国に帰ったことも、大きな要因です。

一方、家賃保証会社の代位弁済（家賃滞納）が増えたのは、首都圏以外のエリアです。首都圏は部屋を借りる初期費用も安いので、いったん実家に戻って態勢が整ってからまた首都圏に出てくればいいと、家賃滞納をする前に退去したと考えられます。退去事由は、圧倒的に「実家に戻ります」でした。

それに比べ、初期費用の高い関西圏ではそう軽々と退去することはできず、ぎりぎりまで我慢する結果、家賃滞納が始まってしまったのでしょう。

実際、長年賃貸トラブルの訴訟に携わってきましたが、２０２０年後半から家賃滞納は、確実に増えてきた感があります。

そしてその滞納者は、口を揃えて言います。「新型コロナウイルスで職を失った」と。日々リストラや倒産のニュースを目にします。コロナによる失業者は8万人超と言われていますが、実際は発表されている以上の人数が、生活の糧をなくしているのではないでしょうか。

事実私ども司法書士法人も求人を行うと、まったく別の業種に携わっていた人からの応募を多く受けました。特に50歳以上の人の履歴書が、たった1週間ほどで50通近く届いたのです。法学部でもなく、法律関係とは無縁の仕事をしてきた人たちです。それだけ職を得ることが、難しい時代の表れと捉えています。

住宅ローンを組むということ

それほど先が見えない混沌とした中で、私が不思議に思ったことがあります。このコロナ禍でありながら、家を購入しようという人が後を絶たないのです。

確かにリモートワークが多くなれば、通勤ラッシュを避けるために都心に住む必要性はありません。月に数回の出社なら、通勤に1時間半かかっても構わないのでしょう。いち早く「郊外に家を持つ」人たちは、どのような観点からそれを決断したのでしょうか。

リモートワークという観点から見れば、都心の狭く高い家から安くて広い家に移ることはメリットでしょう。しかしながらこのリモートワークの状態がいつまで続くのか、誰にもまだ先が見えません。ましてや経営者以外、今の職のまま給与をもらい続

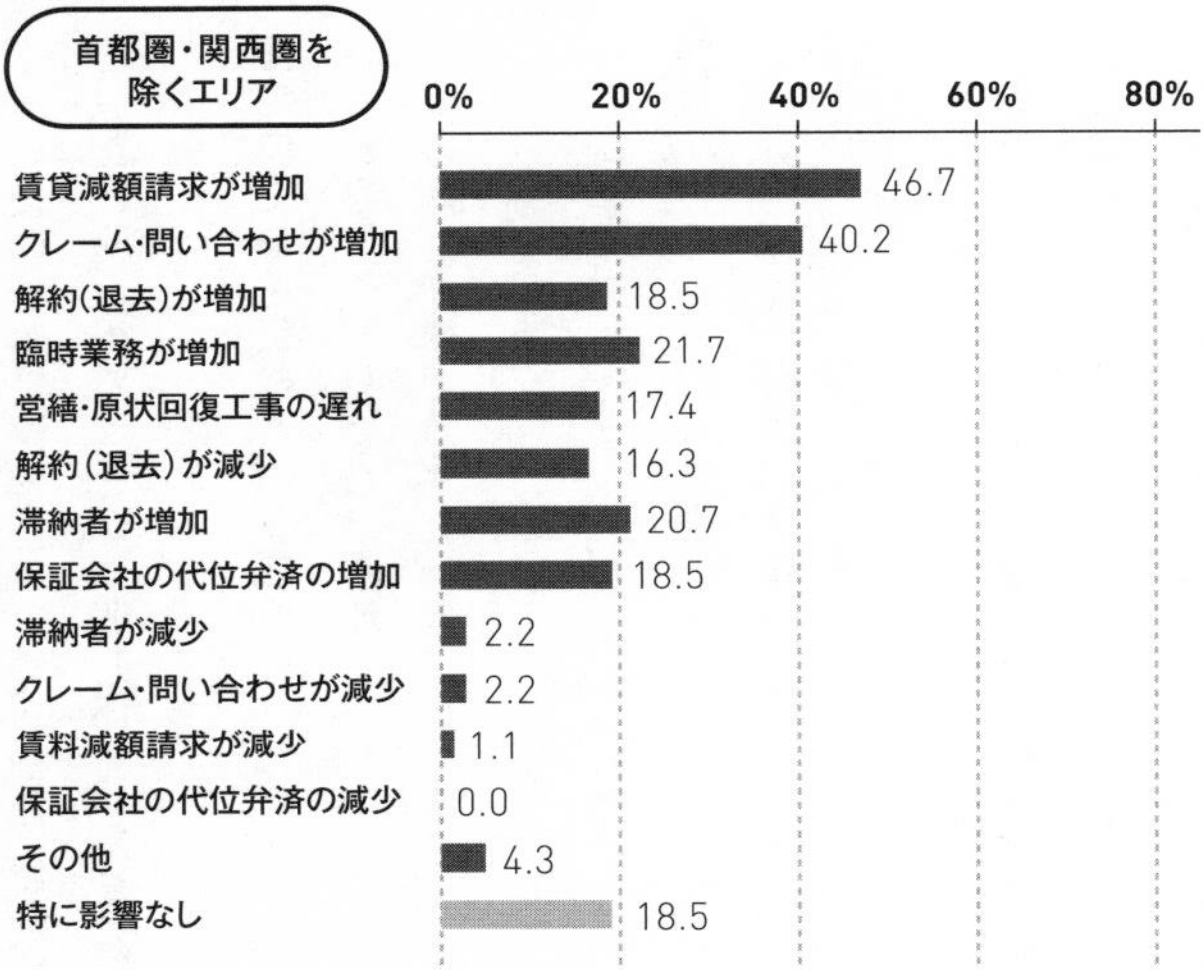

ポイント

- 首都圏では「解約（退去）が増加」の比率が、他のエリアよりも高い。
- その他の回答の内容としては、「来店客の減少」「仕入れ戸数の減少」「一時募集のストップ」などがあった。
- 経営難、減給、解雇など、入居者の収入の減少によって賃料減額請求が増加。
- 在宅時間が増え、今まで潜在化していた近隣住民へのクレーム（特に騒音トラブル）や、建物・設備などの粗に気づいての問い合わせが増加。
- 支払い可能な賃料との兼ね合いで解約、在宅勤務に対応できる設備や環境を求めての解約などが増加。

出所：「日管協短観」をもとに編集部で作成

新型コロナウイルス感染症の感染拡大による影響

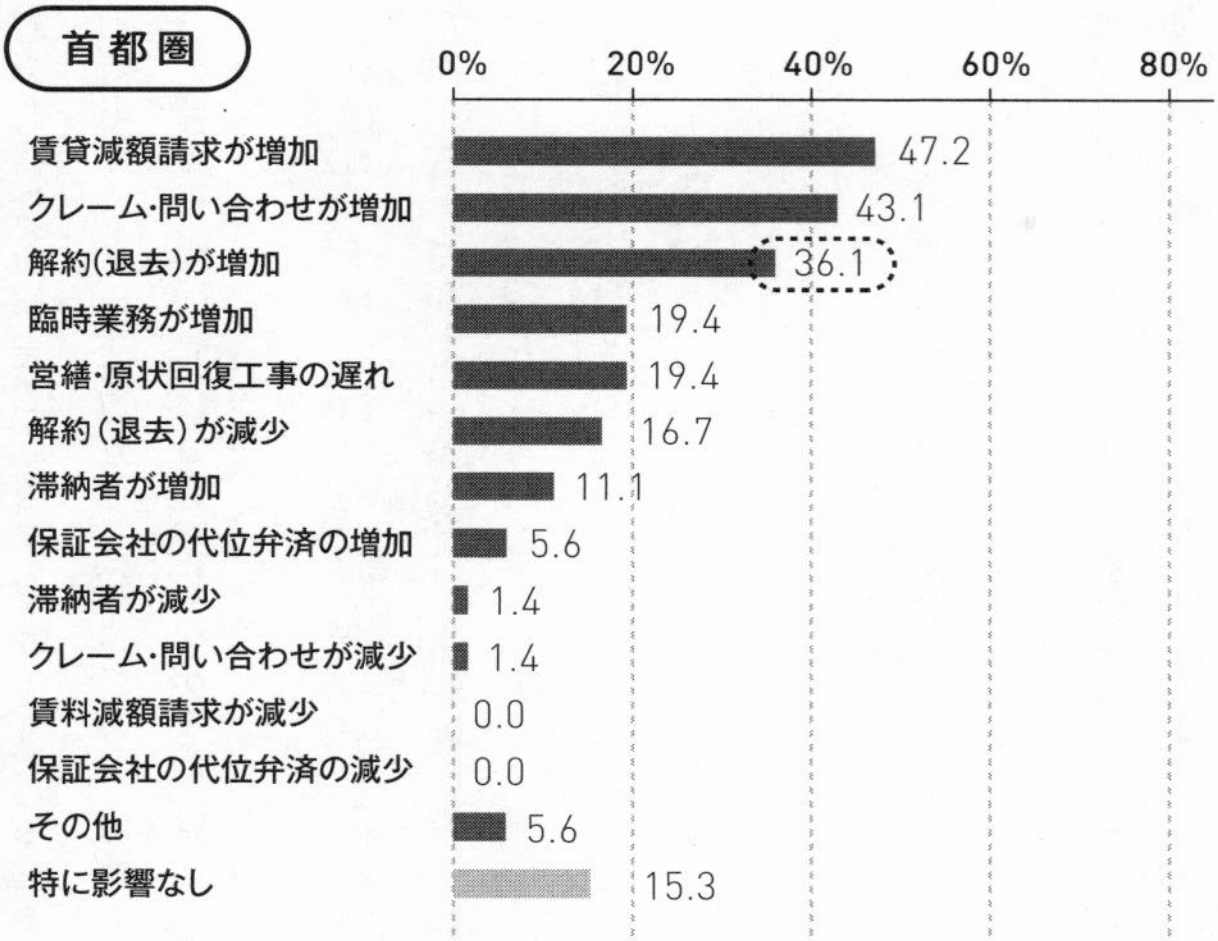
首都圏
0%
20%
40%
60%
80%
賃貸減額請求が増加 47.2
クレーム・問い合わせが増加 43.1
解約（退去）が増加 36.1
臨時業務が増加 19.4
営繕・原状回復工事の遅れ 19.4
解約（退去）が減少 16.7
滞納者が増加 11.1
保証会社の代位弁済の増加 5.6
滞納者が減少 1.4
クレーム・問い合わせが減少 1.4
賃料減額請求が減少 0.0
保証会社の代位弁済の減少 0.0
その他 5.6
特に影響なし 15.3

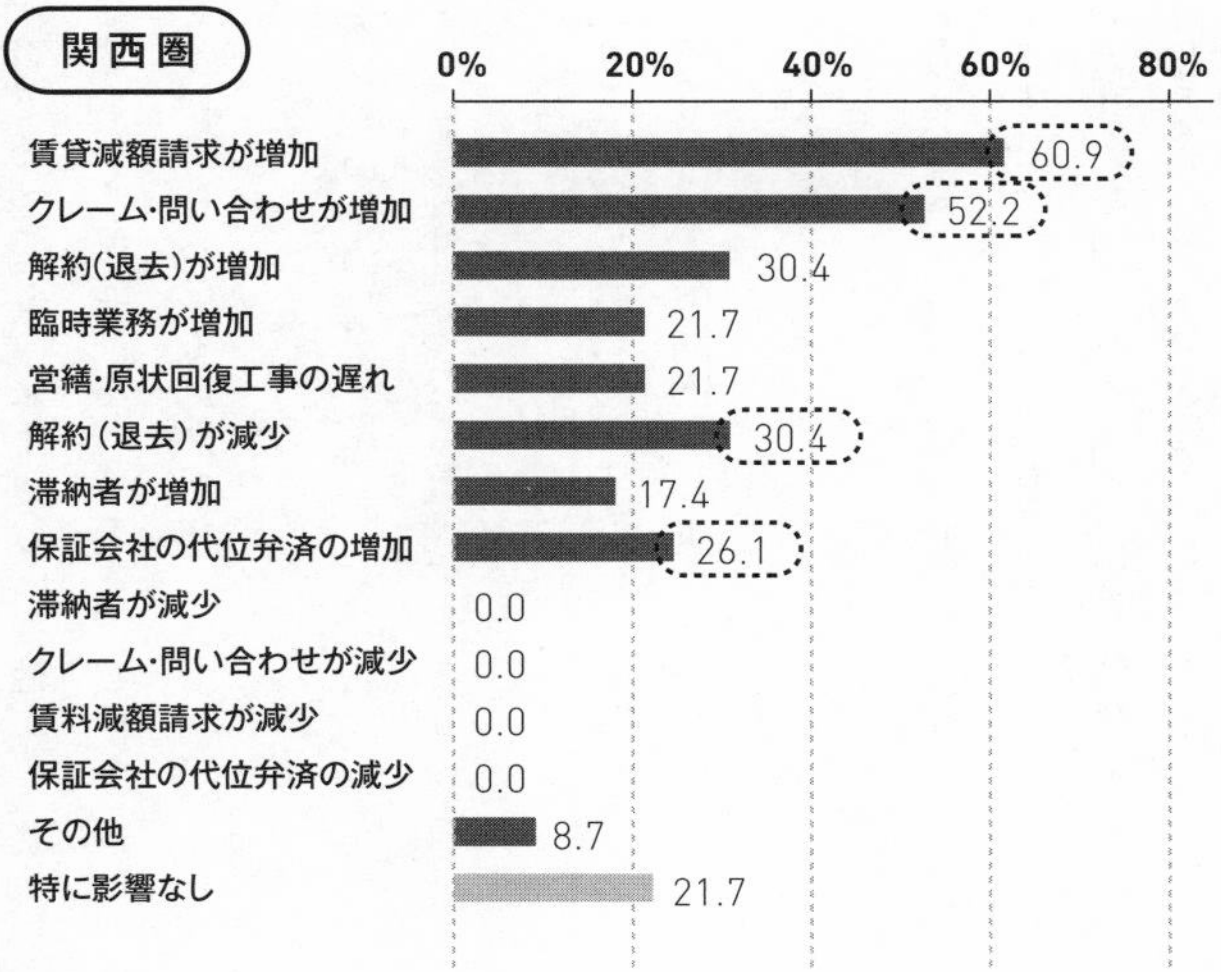
関西圏
0%
20%
40%
60%
80%
賃貸減額請求が増加 60.9
クレーム・問い合わせが増加 52.2
解約（退去）が増加 30.4
臨時業務が増加 21.7
営繕・原状回復工事の遅れ 21.7
解約（退去）が減少 30.4
滞納者が増加 17.4
保証会社の代位弁済の増加 26.1
滞納者が減少 0.0
クレーム・問い合わせが減少 0.0
賃料減額請求が減少 0.0
保証会社の代位弁済の減少 0.0
その他 8.7
特に影響なし 21.7

けられる保証はどこにもありません。もちろん経営者であっても、来年自分の会社が存続しているかどうかすら疑問です。転職を余儀なくされる可能性だってあるでしょう。皆コロナの先行きを案じながら、見えない先を歩いているのも同然です。

私はコロナ禍で自分の部屋探しをした際、中古マンションの購入も検討しました。高齢になって貸してもらえる部屋が少ないなら、手ごろな物件だったら買ってしまうのもひとつの策と考えたからです。

自分としては半分くらいをキャッシュで払い、残りを10年くらいのローンにするつもりでした。これは自分の年齢からしても、どう転んでも払える範囲内にしようと思ったからです。

ところが営業担当の方と話すと、今、物件購入を考える人たちは、ほぼ満額を借り入れると言います。しかもそれは現金を手元に残してという訳でなく、住宅ローンを借りられる＝払える額と認識しているからだと言います。私自身ももっと高額な物件を勧められ、しかもローンは80歳までにすればいいとアドバイスをされました。そんな歳まで現役で働ける保証もありません。その違和感は、怖さにも匹敵するほどでした。

さらに物件の購入を急ぐ人たちには、理由がありました。

来年になれば収入が下がってしまう可能性がある、だから昨年の年収で審査される今の属性のうちに最大限の住宅ローンを引っ張って購入してしまいたい。多くの人がそう考えて物件の購入をしていると聞きました。

信じられない思いもある中で、２０２０年の緊急事態宣言の解除以降、不動産の売買業界ではかなり物件が動きました。純粋な司法書士業務は、私の想像と反して、とても忙しい毎日だったのです。

当時取引された物件は、高額な物件はもちろんのこと、少し都心から離れた戸建ても在庫がなくなると言われたほど取引されたのです。

属性のいい間に住宅ローンを組みたい、その気持ちは分かります。

ただ20年、30年と払い続けることの責任というか怖さはないのでしょうか。

司法書士として返済ができなくなった人の相談を受けることもありますが、その人たちは圧倒的にお金に関する知識がないという印象を受けます。ローンが破綻して任意売却を選択する人が増えている一方で、慌てて住宅ローンを組む人。この矛盾に疑問を抱かずにはいられません。

もともと田舎暮らしは好きですか？

郊外に家を探す人も同様です。

自身の年齢から考えると、あと何年同じ職場で仕事をしていけるのでしょうか。もし今の仕事を失ったとしても、郊外で次の仕事を見つけられるのでしょうか。子どもが巣立った後、夫婦で郊外の生活を楽しめるのでしょうか。

もともと田舎暮らしがしたいと思っていたアウトドア派にとっては、今回のコロナ騒動からのリモートは、絶好の転居決断になったはずです。ワークライフバランスを重視し、素朴に生活を楽しむ。しかも価格も安いとなれば、郊外への移住は願ってもないことです。

しかしそのような人たちばかりではありません。ただ単に、リモートのために住むだけではなく仕事をするための広さが必要で、そのためには郊外に行かざるを得ないという場合です。

老婆心ながら、そこに綿密な人生設計はあるのかどうかを問うてみたい気がします。

仕事をいつまでするのか、どのようなスタイルでの生活を望むのか、自分の年金額と現在の預貯金、病気になったときの医療体制。人生１００年時代において、自分のスタイルが、本当に郊外でいいのか判断した結果でしょうか。

人は楽しいところに集まります。自分自身が年を取って行動範囲が狭くなったときに芸術に親しんだり、刺激を受けたり、医療が充実している都会に戻りたいと思わないでしょうか。そういった時、郊外の物件に、どれだけの資産価値があるのか判断した上での転居でしょうか。

2020年の緊急事態宣言直前に、東京23区に住んでいた4人家族が、いち早く栃木県の一戸建てに転居した例がありました。東京での家賃は20万円弱。それが栃木の家だと、広さは2倍近くになり家賃は5万円を切ります。

家主がびっくりして入居者に確認したところ「仕事は当面リモートになるので、この間に少しでも現預金を増やしたいから」という回答でした。

入居者は、大手電気メーカーに勤める技術者です。栃木に縁もゆかりもありません。ただ「この先どうなるか分からないから、子どもの小さい今なら地方に移住して、できるだけ支出を減らすことができる」というのが転居の理由でした。

この話を家主から聞かされた時、入居者の素晴らしい決断に感動しました。先のことは分からない、だからしばらく世の動向を注視しながら、無駄に支出をしたくない。逆に力を蓄えておきたいという堅実な決断です。

今、郊外の一戸建てを購入している人のどれだけの割合が、このような判断をしたか聞いてみたい気がします。

狭い部屋では、リモートで仕事をするにも一苦労です。部屋数の多い物件に引っ越ししたいという気持ちは分かります。

ただその決断が、条件がいい今のうちに住宅ローンを引っ張りたいということが基準であれば、その危うさと怖さを感じるのは私だけではないはずです。

怖さを感じたものと言えば

緊急事態宣言に伴って業務がストップしたのは、民間企業だけではありません。当然ながら、裁判所も動きが止まりました。

裁判所にもよりますが、一般的には訴訟を提起して、10日ほどで訴状のチェックが終わり、裁判の日が決められます。１カ月もしくは1カ月半先の日が決められ、その日に審理されることになります。

ところがコロナでストップした裁判所は、数名を残してリモートワークへ移行。そうなると必然的に、訴状のチェックがままなりません。個人情報も多く含むので、データの漏洩を恐れ、訴訟提起された訴状は手付かずのまま置かれることになったのでしょう。

民事の裁判は、結局のところ「お金を支払って」という訴訟が中心です。貸したお金を返して、売買代金を払って、心がうけた傷を損害賠償として払って。話し合いで解決できないからこそ、金銭を払ってもらうことで納得しようとするのが裁判だからです。

100万円の貸金は、利息がついたとしても基本は100万円です。しかし家賃滞納された場合の建物明け渡しの訴訟は、時間が経てば経つほど滞納額が加算されていきます。

そもそも家賃を払わないことで入居者は訴えられているので、明け渡しの判決が言い渡されて明け渡しが完了したとしても、滞納分の回収はなかなかできません。よほどの悪者でない限り、お金がないから払えなかったのです。その相手の銀行口座や給与を差し押さえしたとしても、空振りに終わることも少なくありません。結局お金に関しては、泣き寝入りを強いられる家主が多いのが現状です。

この前提から考えると、建物明け渡しの訴訟は、スピードが求められます。もたもたしている間に、傷（滞納額）がどんどん深くなってしまうからです。それほどの訴訟であるにもかかわらず、裁判所の業務がストップしてしまうとどうなるのでしょうか。

当然ですが、裁判所の動きが鈍くなったということは、家主に大きなダメージを与えました。

具体的には訴状を受け取ってから期日調整までに、なんと早くて２カ月、そこから裁判の日までさらに早くて２カ月。通常の２倍以上がかかっています。

これが混んでいる裁判所だと、さらに時間が延ばされてしまうのです。この間、家賃の支払いは望めません。ローンの支払いがある家主は、自分の貯金を切り崩して支払いをしなければならないのです。

一方の裁判所も、コロナ対応に振り回されました。

郊外の裁判所は窓を備えた法廷もあるのですが、都会のビルのような裁判所は窓がない法廷が多くあります。いくら裁判が公開だとしても、ドアを開けっぱなしでできるところは少なく、密を避けるためにも、いつもより件数を少なくしなければなりません。

傍聴席にあまり人を入れないためにも、出廷した原告・被告は廊下で待機。書記官に呼ばれて初めて法廷に入るとなると、これまた時間ばかりがかかります。

法廷と傍聴席を、ビニールシートで仕切っている裁判所もありました。頻繁にアルコール消毒をするために、さらに時間がかかります。

裁判所の職員も、初めての出来事に右往左往している様子が窺えました。家主のことを考えると「もっと早く」となるのですが、必死にコロナ禍で対応してくれている裁判所関係者を見ると、そんな言葉を発するなんてできませんでした。

不動産ドミノ倒しが始まる?

そんな中、4月の緊急事態宣言で裁判所の動きが止まってから約1年経ちますが、今も審理までの期間は以前のようなスピードには戻っていません。だいぶ追いついてきたとはいえ、以前の1・5倍の時間はかかっています。

さらにこの間、感染者はゼロになるどころか、連日増え続けている状態です。2020年の大晦日には、感染者が初めて4000人を超えてしまったのです。

家賃を払ってもらえず、一日でも早く出て行ってもらいたいと思っても、訴訟は長引き、やっとの明け渡し（強制執行）まで早くて8カ月、場合によってはさらにかかっているのが現状です。

貯金を切り崩してローンの支払いをしている家主は、終わりの見えない闘いに苛立ちを隠せません。同時に家賃保証会社も気が気ではないのです。

日本では一昔前に部屋を借りる際、連帯保証人を取るのが一般的でした。ところが賃貸物件が増えたこと、少子化のあおりで親族の連帯保証人を得られにくくなってきたことから、家賃保証会社が利用されるようになってきました。

令和の現在、誰しもが家賃保証会社の存在を認識しています。

そもそも家賃保証会社は、どのような会社なのでしょうか。

家賃保証会社は独自で入居者を審査し、保証するとなれば家賃の1カ月程度を保証料として入居者に支払ってもらい、家賃の支払いに関して連帯保証人と同じような義務を家主に負う存在となります。つまり入居者が家賃を支払わなければ、保証会社が家賃を負担するのです。

もちろん家賃保証会社も入居者に対し督促をしますが、それで支払ってもらえなければ延々と負担するわけにはいきません。最終的には訴訟手続きをして、入居者に退去してもらうことになります。

第2章でもちらりと触れましたが、家賃保証会社の保証方法には、大きく分けて2つのパターンがあります。

①代位弁済型

賃借人が家賃を支払わなければ、家主側から連絡を受け、家主に対し賃借人に代わって家賃を支払い（代位弁済）、その分を賃借人に請求する

②収納代行型

賃借人は家賃保証会社に家賃を払う。支払いがなければ家賃保証会社は家主に送金

し、賃借人に督促して払ってもらう

現在の主流は②の収納代行型です。

家賃保証会社の歴史も、それなりに長くなってきました。老舗の家賃保証会社は、設立から25年ほど。最近ではほとんどの賃貸借契約において、個人の連帯保証人よりも家賃保証会社が使われています。

不動産投資家にとって、家賃保証会社の存在があるからこそ、賃貸経営に参入しやすくなったと言っても過言ではありません。

本来であれば滞納分を自分の貯金を切り崩してローンの返済をしなければならないところ、家賃保証会社が代わりに負担してくれるとなれば安心して貸すことができます。保証会社の中には明け渡しの訴訟手続き費用も負担してくれるところが多く、家主は滞納のリスクを背負いません。家主にとって家賃保証会社は、とても心強い存在でもあるのです。

一方の家賃保証会社は、最初の保証料と1年ごとの更新保証料が主な収入です。更新保証料は、一般的には1万円。最初の保証料は家賃の1カ月分が相場ですから、これがいちばん大きな収入源であるのです。

ところが新規の賃貸借契約の件数が伸びなくなると、必然的に最初の保証料が得られません。しかも新型コロナウイルスで家賃滞納が増えると、経営的にも苦しくなる家賃保証会社が出てきてもおかしくありません。

ちょうど全国に緊急事態宣言が拡大された翌日、札幌と東京を拠点に展開していたグローバル賃貸保証株式会社という家賃保証会社が廃業しました。コロナが原因ということですが、あっけない幕切れでした。

一部には保身のために、これから滞納が増えることを見越してわざと廃業したのではないかとも噂されました。真偽のほどは定かではありませんが、あまりに突然の廃業でした。

家賃保証会社の適正化を図って、国土交通省は保証業者登録制度を行っています。ここに登録するためには財務面等の審査も必要です。このグローバル賃貸保証株式会社は、もちろん登録もしている会社でした（国土交通大臣（１）第58号）。つまり家主側からすると、家賃保証会社としてきちんと業務をしているお墨付きの会社であったという認識は間違いありません。その会社が、いとも簡単に廃業してしまったのです。

家賃保証会社が廃業（倒産）してしまうと、家主は何の保証もなく入居者に部屋を貸していることになってしまいます。仮に滞納されても保証会社が最後まで面倒をみてくれると思っていたにもかかわらず、ここからは全ての責任を自分が背負っていかねばなりません。

家賃滞納が始まってしまうと、別の保証会社は引き受けてくれません。そのためにグローバル賃貸保証株式会社の廃業の発表は、家主に次なる保証会社探しを強いることになりました。

中には初期の保証料を自分が負担して、入居者と保証契約してもらったという家主もいます。

「入居者は契約時に、自分で保証料を払っています。保証会社が勝手に廃業（倒産）したから、また保証料払ってねと言っても、断わられてしまいますよね。それならば自分で払ってでも保証会社と契約してもらう方が、リスクを防げますから」

この判断は、２００８年、３２５億円あまりの負債を抱え倒産した賃貸保証会社、リプラスの一件から学んだと言います。

しかしそういった経験がない家主は、ただただ家賃保証会社の廃業におろおろするばかりです。

悲劇は、これだけではありません。２０２０年7月には家賃債務保証会社、ジャパンレントアシストコーポレーションも倒産しました。

持続化給付金や住居確保給付金等、コロナ感染が増え始めた頃はさまざまな補助金がありました。借りる側もその補助金が尽きてきたのでしょうか。秋頃から、家賃滞納は少しずつ増えてきています。少なくとも私のところへの滞納案件相談は増えました。一般家主からの依頼が20％アップ。家賃保証会社からの依頼も、じわりじわりと増えてきています。

当然、家賃保証会社の経営状況も悪化しているところもあるでしょう。

コロナ禍で仕事を失って、家賃が払えなくなる賃借人。その家賃を補塡する家賃保証会社。頼みの綱の保証会社が倒れたら、家主は持ちこたえられるのでしょうか。ましてて裁判所の動きが鈍く、時間がかかっていることも向かい風です。借りる側と貸す側のバランスが保たれていたはずが、コロナ禍からの経済悪化で、今まさに崩れようとしている気がしてなりません。

不動産ドミノ倒し……。ただただ最初の一押しがないことを祈るばかりです。

オリンピックを見越した民泊はどこへ行った

平成の終わりから活発だったのが、民泊です。

当初は無法状態でしたが、法が整備されてからは従来のルール通り旅館業の許可をとるか、年間180日という制限はありますが届出でできるようになり、多くの一般投資家も民泊業界に参入しました。部屋を借りて民泊にすることで、ひと月の賃料以上の収入が得られるという訳です。もちろんどの部屋も、賃料以上の収入が得られる訳ではありません。そこにはビジネスセンスも必要です。それでも訪日外国人が増えたことで、努力せずして利益が上がった人たちもたくさんいました。

特に外国人旅行者にとっては、ホテルと違って大人数で泊まれる民泊は大人気でした。長期間の滞在型の旅行だと、住むように旅したいと思うもの。ホテルより普通のマンションタイプの方がキッチンも使えるので好都合なのでしょう。日本人にしても民泊はホテルよりは格安なので、出張で利用する人も多かったはずです。

特に首都圏では、東京オリンピックでの来日を見越し、民泊を許してくれる物件は投資家たちの取り合いになりました。アクセスのいい場所に建つ物件は、すぐに民泊に持って行かれ、普通に部屋を借りたい人は苦戦を強いられました。空室が出れば、すぐに埋まる。とても動きが早かった印象です。

それがどうでしょう？　新型コロナウイルスが広がってきて旅行が減り、外国人の来日がままならなくなって以降、蜘蛛の子を散らしたように民泊は消えました。それは当然の動きなのでしょう。そもそもの利用者の絶対数が少なくなれば、経営は厳しくなります。ほとんどの民泊業者が、部屋を借りて営業していたので、あっという間に部屋は解約され、空室になりました。

民泊をしっかりとした事業としてやっていこうと取り組んでいるところだけが残り、「儲かるらしいぞ」という匂いで飛びついた人たちは確実に消えました。不要な物をネットで販売するサイトでは、民泊用に購入した洗濯機や冷蔵庫等が、大量に格安で売られています。それを見るたび、これだけの数の物件が民泊で使われていたんだ……、と思い知らされました。

同様に月単位で物件を貸し出すというマンスリー事業の撤退も相次ぎました。新宿に本社を置く大手不動産会社は、売買・賃貸仲介・賃貸管理を業としていましたが、オリンピックを見越して、マンスリー事業に乗り出したところでした。不特定多数の人が物件に出入りするマンスリーでの貸し出しという形態を嫌がる家主も、普段付き合っている会社なので比較的安心して物件を預けたのでしょう。

あっという間にマンスリーで展開する部屋数は、500戸を超えました。ところがそんな矢先に、新型コロナウイルスが日本にも感染を広めていったのです。来日客は激減し、感染者数はどんどん増えていきました。

ニュースをつければ、コロナ、コロナ、コロナ。その正体がまだ見えず、有名芸能人が亡くなったことも相まって、恐怖心が刷り込まれていったのです。そして発令された2020年の緊急事態宣言。

マンスリー事業に乗り出した会社は、撤退を決断しました。マンスリー事業に参入して、わずか1年での幕引きです。

「僕たちの事業からすると、マンスリー事業はほんの一部。ただこの様子だと、この部署が足を引っ張るのは目に見えています。だから本業に専念しようということで、手放しました」

担当者は仕方がなさそうに言っていました。

しかしそれから8カ月経った12月、コロナの感染者はますます増加。感染力がさらに強い変異種も国内で発見されました。

人々の移動は制限され、まさかの「自宅で過ごす年末年始」を強く要求されました。諸外国からの来日は望めず、国内の移動も自粛ムードとなれば、早期の撤退は会社の存続のためには英断だったのかもしれません。

少子化の加速が止まらない中、賃貸物件は乱立し、頼みの綱であるインバウンド事業も新型コロナウイルスで閉ざされ、民泊やマンスリーに使われていた部屋は、一般賃貸に流れていきます。

いかに空室を埋めていくか、いかに家賃滞納をさせないか、家賃保証会社がいるから大丈夫、などと実情に合わない甘いことを言っていると足元から揺らぐこともあるかもしれません。

あまり考えたくはありませんが、家賃保証会社が万が一倒産したら……。その思いで備えておくことが、ドミノ倒しのコマにならずに済む唯一の方法かもしれません。

第6章

コロナで変わる任意売却の実態

対談2　高橋愛子（NPO法人「住宅ローン問題支援ネット」代表理事）

高橋愛子（たかはし・あいこ）

不動産コンサルティングマスター、宅地建物取引士。NPO法人「住宅ローン問題支援ネット」代表理事。賃貸物件の仲介企業の店長を務める中、競売で家を強制退去させられてしまうお客様との出会いから任意売却を知り、その専門家として独立を決意し、任意売却コンサルティング会社を設立。その過程で、任意売却だけではなく、さまざまな悩みを抱える人々との出会いから、民間の総合的な相談窓口を作りたいという思いに至り、悩み相談を無料で行う「住宅ローン問題支援ネット」を立ち上げ、NPO法人を設立する。以下の著作がある。『任意売却ってご存知ですか？』（ファーストプレス）、『「住宅ローンが払えない！」と思ったら読む本』（PHP研究所）、『離婚とお金どうなる？住宅ローン！』（プレジデント社）、『【改訂版】老後破産で住む家がなくなる！あなたは大丈夫？』（日興企画）。

任意売却とは？

――はじめに、高橋さんのお仕事について教えてください。

高　橋：私は不動産コンサルティング会社を経営しています。弁護士、税理士、司法書士といった士業や、提携する事業再生コンサルティング会社やFP事務所からの紹介で不動産業務を行い、主に任意売却のご相談を受けています。

――そもそも、「任意売却」というのは、どういうものですか？

高　橋：例えば、家を購入する時に、ほとんどの人は住宅ローンを組みますよね。その時に、土地や建物を担保にします。

太田垣：ローンが返せなくなったときにその土地や建物を売ったお金が優先して返済にあてられる、いわゆる「抵当権」のことですよね。

高　橋：そうです。抵当権とは、ローンが返せなくなった際に、金融機関などお金を貸した側がその不動産を競売で売り、その代金で住宅ローンを回収することができるという権利です。この権利を、住宅ローンを組む際に金融機関は購入者側と結びます。

そのため、住宅ローンが払えなくなった場合、購入者は家を売却して、ローンを返済します。ところが、住宅ローンの残高が3000万円あって、自宅の時価が

2000万円の場合は、自宅を売ったとしても、1000万円足りません。これをオーバーローンと言います。

太田垣：1000万円分の債務が残ってしまうということですよね？

高　橋：はい。そして物件を売買するときには、「抵当権」があるままでは売れません。1000万円を一括返済して、抵当権を外してからでないと売却ができません。

太田垣：毎月の返済が苦しいから家を手放さないといけないのに、さらに1000万円を一括で払わないといけないとなるとハードルが高いですよね。

高　橋：そもそもローンを滞納している人が、オーバーローン分の何百万、何千万などを一括で払えるわけがありません。

太田垣：払えないと、厳しい現実が待ち受けているわけですね。

高　橋：滞納が続くと、債権者、つまりお金を貸した側である銀行などの金融機関から、担保不動産競売というものを申し立てられます。つまり、「強制」的に不動産を売却させられてしまうのです。これが一般的に「競売にかけられる」というもので、そうならないように、「任意」で、この例の場合なら2000万円の時価で売却できる方法が任意売却です。

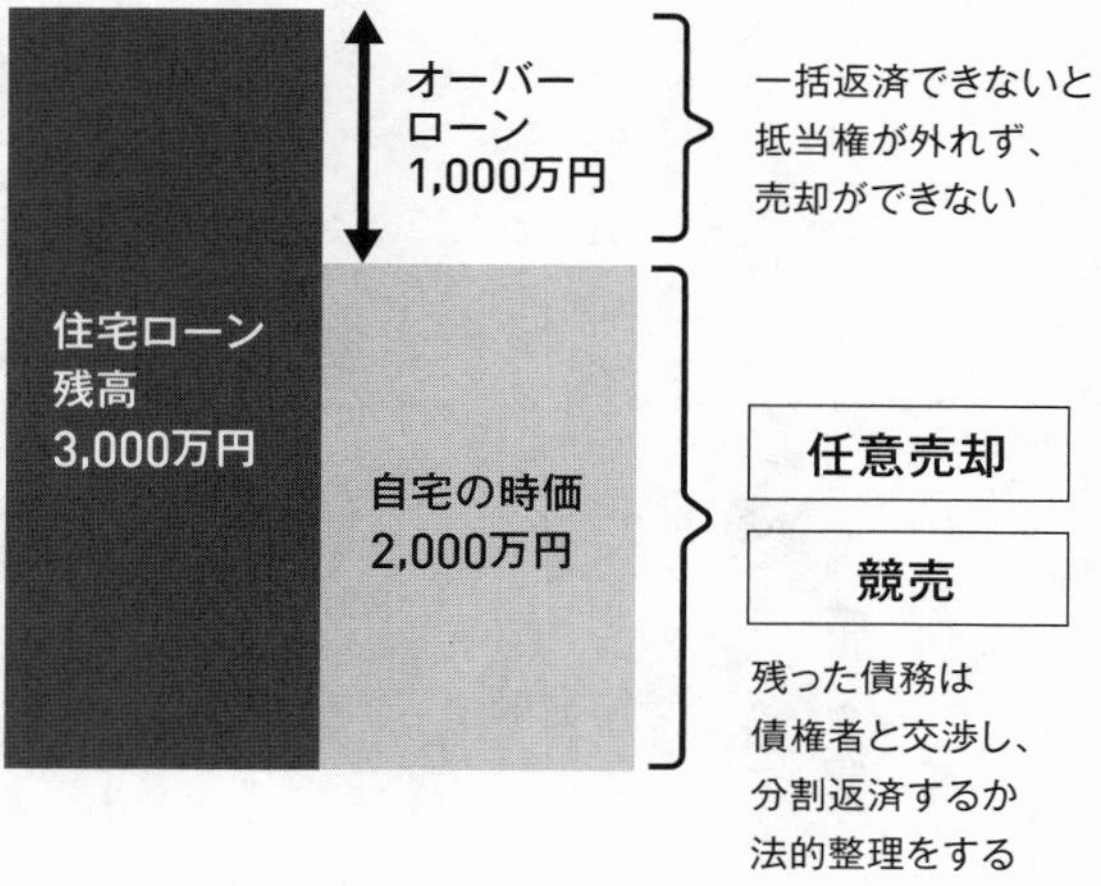
オーバーローン
1,000万円
一括返済できないと
抵当権が外れず、
売却ができない
住宅ローン
残高
3,000万円
自宅の時価
2,000万円
任意売却
競売
残った債務は
債権者と交渉し、
分割返済するか
法的整理をする

──任意売却するためには、どうすればいいのですか？

高　橋：お金を貸している担保権者さんの合意が必要です。でも、それが1社だけなら話が早いのですが、たまに複数社、時には5社7社もの会社が入っていたり、会社の実態がないような個人の闇金融みたいな人が入っていたりします。

太田垣：そこまでの債権者がいるケースは私も経験ないです。

高　橋：普通の不動産会社さんではお手上げ状態の物件も、私が1件1件、粘り強く話をしていきます。売却しても金額的にはマイナスという債務超過なので、優先される債権者さんから売買代金が配分されていきます。優先順位の低い債権者さんをどうまとめるかが交渉の見せどころなんですね。

太田垣：債権者側も破産されるよりはマシと考えるでしょうね。

高　橋：そこは任意売却の方が高く早く回収できるということを根拠づけて説明していき、納得していただくしかないですね。私がこの仕事を始めた15年前当時は、まだ競売や任意売却の世界はダークなイメージでしたので、まさに「きれい事ではない」感じでした。

太田垣：最近では、一般の消費者の方も競売で入札するケースも増えてきたと聞きますが、競売よりも任意売却の方が多く利用されている気がします。

高　橋：確かに、競売は民事執行法が改正されて、昔のような競売屋や占有屋のように、怖い人はいなくなり一般の入札者も増えました。昔よりはクリーンなイメージの世界になり、競売市場も高騰してきています。ただ買主にとって競売不動産は競売情報を見て買い受けなくてはならず、原則内覧もできません。明け渡しの保証もなく、自ら退去の交渉をしたり、強制執行の手続きをしたりしなくてはならないケースもありリスクがあります。任意売却は宅建業者が仲介に入り、宅地建物取引業法の下で取引されますので、安全に物件が購入できます。物件所有者にとっては、「競売で家を取られる」ということは、精神的にもかなりダメージがあると思うんですね。それは昔も今も変わらないでしょう。ですから、競売ではなく、任意売却で自宅を売却するということは、経済的にはもちろん、精神的な部分のメリットが多いと私は思います。

任意売却のメリット、デメリットとは

――任意売却のメリット、デメリットを教えてください。

高　橋：分かりやすいように、任意売却のメリットと競売のデメリットを表にまとめ

てみましたが、金銭的メリットとしては、オーバーローンでも時価で売却できることや、競売よりも高値で売却できる可能性があり、残債務が減らせること、売却の経費がなくても売却できること、引っ越し代などが手元に残ること、残債務の返済方法も事前に準備できることなど、たくさんあります。

太田垣：精神的なメリットもありますよね。

高　橋：周りの人にバレずに売却ができるとか、競売の差し押さえが入らないことでしょうか。「競売」となると、近所にバレてしまったりで、家族に与える影響も大きいですし、再スタートを切るための気持ちも違います。あとでご説明しますが、売却した自宅を借りるというリースバックのように、住み続けられる選択肢も残っています。

太田垣：こう聞くと、いいことづくめに聞こえちゃいますよね。

高　橋：いえいえ、任意売却にはデメリットもあります。例えば、残債務が残るので支払っていかなくてはならない（もしくは自己破産等の法的整理をする）、ブラックになる（個人信用情報にキズがつき、一定の期間新たにローンを組んだりクレジットカードが作れなくなる）とか、競売よりも早く退去しなくてはならないとか。もちろ

	任意売却のメリット	競売のデメリット
売却価格	**高値で売れる可能性がある** 市場価格とほぼ同等の金額で売却できるので、残債を減らせる可能性がある。	裁判所が決定した売却可能価格Z（市場価格の70%くらい）なので、任意売却に比べて残債が多く残る可能性がある。 **＊最近は競売が高騰しているので高値で落札されることもある。**
余剰金	**手元に資金が残せる** 引越代・生活資金として、30〜50万が受け取れるよう、債務者と交渉できることもある。さらに別途、再出発資金が残せることもある。	売買代金はすべて債務者への支払いになるため、手元に資金が残らない。競売人から引越費用がもらえる可能性は低い。
残債	**無理のない返済計画** 残債を無理なく返済できるよう金融機関との交渉術をアドバイス。競売と違い、債権者の印象も違う。専門家の紹介も可。	競売になっても残債は残る。競売申立て費用（60〜200万）や代金納付までに遅延損害金（14.6%）が膨らむので、残債は確実に多くなる。
引越時期 引越先	**引き渡し時期の相談ができる** **引越先の手配もしてもらえる**	競売人の決定に異議を申し立てることはできず、強制執行されると強制的に退去させられる。
近所に知られたくない精神的な問題	**近所に任意売却だということは分からない** 売出は一般の売却と変わらず行うので、近所に知られることはほとんどない。自らの手で売却することができる。	インターネット、新聞などで公表されるため、近所に競売になっていることが知れてしまう可能性がある。業者や執行官が近所に聞き込みすることもある。
• 住み続けたい • 数年後に買い戻したい • 事業を続けたい	**セール&リースバック親子間売買などで、住み続けることや事業所として使用できることもある**	競売人から買い戻したり、リースバックできる可能性は極めて低い。

ん、債権者がいるので、こちらが任意売却したくても、必ず任意売却できるという保証はありません。それに、税金の差し押さえが入っているなどの場合は、任意売却できないケースもあります。

太田垣：それでも、住宅ローンで、月々の返済が払えず、わらをもつかむ思いの人にとっては、「任意売却」は、大きな助け船になる可能性が大きいということですね。

コロナで変わる任意売却相談

太田垣：コロナの影響とかはありましたか？

高　橋：コロナの影響といえば、2020年の3月～7月頃までに任意売却せざるを得なくなった人は、普段から滞納しがちで、元々返済が厳しかった人でした。それが、コロナで「とどめを刺された」という感じでしたが、8月過ぎからは、直接的にコロナの影響で収入が減ったり、無くなったりして住宅ローンが払えないので、どうしたらよいか？　という相談がすごく増えました。

太田垣：シビアな相談が増えそう。

高　橋：飲食店やイベント関係など、業種によっては本当に収入が減ってしまったため、住宅ローンが払えないので売らざるを得ないという人が多かったです。ただ、ここで重要なのは、その物件がオーバーローンかアンダーローンかということです。これによって解決策の選択肢が大きく変わってきます。オーバーローンとは、先にもご説明した通り、物件の時価が住宅ローンの残債よりも低い場合で、アンダーローンとは物件の時価が、住宅ローンの残債額よりも高い場合です。

太田垣：ポイントは、まずここですよね。

高　橋：アンダーローンの人は、余裕があるので返済猶予のリスケジュールの交渉もしやすいですし、売るにしても資金が手元に残ります。しかし、オーバーローンの人は目先の住宅ローンの返済もできない上に、売るに売れず、売っても借金が残る。自己破産も視野に入れなくてはいけません。

太田垣：分かります。ひと昔前は、頭金として最低2割を入れて、あとの8割を65歳ぐらいまでに完済できる目途があるなら、自宅を買ってもいいという考えが一般的でした。しかし今は、頭金が少額で残りはローンといういわばフルローンでローンを組む人が多いですから、そうすると借金の額が全然違いますよね。

高　橋：金利が安くなって、フルローンが当たり前になりましたよね。諸費用やリフォームをする際にもローンが組める時代です。低金利だから借りておいたほうがいいという考え方も否定はできないですけど。すでに潤沢な貯えが自分の手元にあるときのみ、「フルローンは団体信用生命保険がついて生命保険代わりになる」という考え方でやる分にはいいと思います。

高齢者の「持ち家」へのこだわり

太田垣：基本的には頭金を入れて、不動産の相場を見て、売りやすいもの、価値が下がらなさそうなものを調べて買うのは大事ですね。

高　橋：それが堅い買い方だと思います。何かあったときにオーバーローンにならないようにするのが大切です。でも最近フルローンで買った人は、ほぼオーバーローン状態だと思います。

太田垣：払えなくなった場合は、いったん自宅を売却して、そこから再度家を借りる「リースバック」という選択肢がありますが、リースバックをする人も多いんですか？

高　橋：はい。特に高齢者の方は、終の棲家《すみか》へのこだわりが強いですよね。絶対に引っ越したくないのです。私、担当したお客様に、「引っ越すなら死ぬ」と言われたこと

住宅ローンのバランスシート

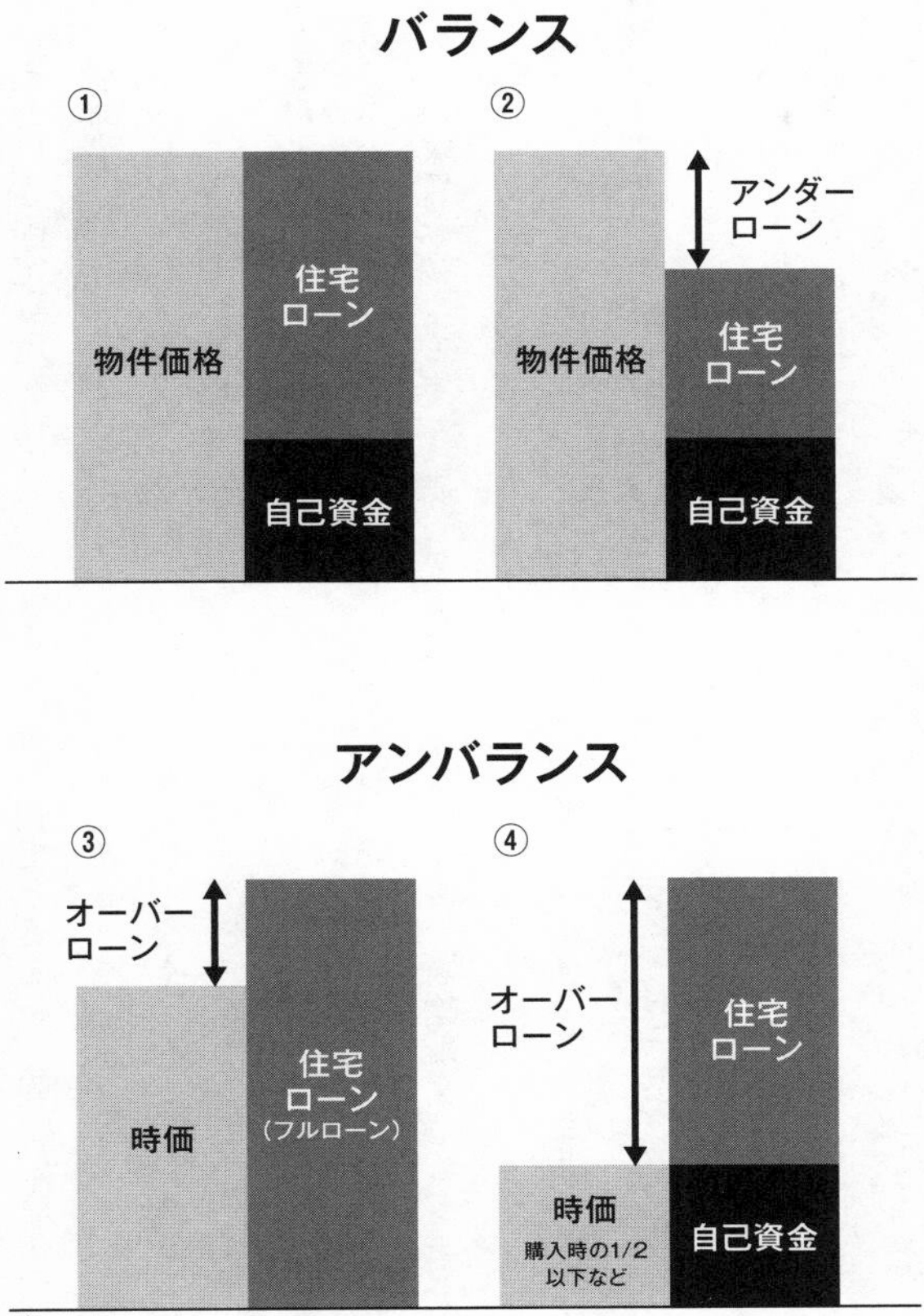

が何回もあります。そのため、リースバックも選択肢の一つです。リースバックのメリットは自宅という固定資産を住みながらにして資金化できること、固定資産税やマンションの管理費、修繕積立金等の負担が無くなることです。一方デメリットは相場よりも安く不動産を売却することが多く、途中で家賃が払えなくなると退去せざるを得なくなることや、途中で売却によるオーナーチェンジで貸主が変更になり、家賃の値上げ交渉等が入るリスクがあることです。

太田垣：リースバックの登記をしていると、70歳ぐらいの高齢の方が多いんですよね。70歳なら、高い家賃を払ってずっと同じ一軒家に住むよりも、断捨離をしてもっと安いところに転居したらいいのにと思うんですけど。

高　橋：おっしゃる通りですね。戸建てでも、子ども部屋のあった2階は使ってなくて、夫婦2人で1階の一部だけで生活してるというケースが多いです。そんな人たちを見ていると、古くて段差のある家ではなく、もっと安くて駅から近いマンションにでも移ればいいのにと思います。

太田垣：土地神話かな。

高　橋：持ち家信仰じゃないですが、「家を持ったら一人前。住み慣れた我が家を手放すなんてありえない」というような考えが根強くて、特に高齢の方は本当にそれが強いですね。

太田垣：私の周りの高齢の方は、荷物も多いし、とても断捨離もできないし、一戸建てからマンションに移るのに、荷物を5分の1とか6分の1ぐらいにしないといけないと考えただけでクラクラして、絶対に引っ越したくないという人もいます。

高　橋：そうですね。荷物はネックになりますよね。一般的な考えでは売ってしまって、そのお金で引っ越すほうが、経済的にはラクなんですけど、精神的な問題で決断ができないんです。

太田垣：リースバックを続けたら、高齢者の方はあと数年で破綻しちゃいますよね。もう極端な話、最終的には生活保護を受けての生活という選択肢しか残されていない気がする。

高　橋：本当にそうです。私もそういう相談がすごく多いです。

太田垣：よく似てると勘違いされるけど、リバースモーゲージはどう思いますか？

高　橋：所有権の差が大きいですね。リースバックの方は所有権がなくなってしまうわけです。最近では、大手不動産業者や金融機関もリースバック事業に参入してきています。大体、相場の7〜8掛けの売買価格で売却し、家賃は利回り6%〜8%前後が相場です。例えば本当なら3000万円で売れる物件を2000万円ぐらいで売って、所有権は取られて、ただの賃借人になって、高い家賃を払っていかなくてはいけません。一方で、リバースモーゲージは、所有権が自分のままで、とりあえずお金を借りて、いざそのお金がなくなっても、物件を売ることはできるわけです。ただし、担保評価はとても低いです。例えば土地は路線価の半分程度の融資しか受けられないです。

太田垣：総合的に、リースバックは損なイメージがあります。

高　橋：絶対に損とまでは言いませんが、よく仕組みを知って、納得した上でリースバックにメリットがあると言うなら良いと思います。また、リースバックの買い手は慎重に選ぶこと。よく分からないままリースバックをし、結局損した、こんなはずじゃなかったっていうことのないよう、慎重に検討するべきです。焦って売ってこんなはずじゃなかった、という人が、コロナの影響もあって、今後増えるでしょうね。

太田垣：本当に、もったいない。

高　橋：あとで相談にきて、もっといい方法があったのに、と思うケースが多いです。

もうあとから言っても仕方がないですが。

太田垣：そう思うと、やはり知識は大切ですね。

高　橋：特に高齢の方は、情報がすごく少ないというか、若い人のようにネットで自分で検索して調べて相談に行くことがなかなかできないので、知識不足により拍車をかけていますね。

コロナでローンを払えない人が急増

太田垣：高橋さんは本業以外に、土日祝日は住宅ローン問題に関する無料相談会をしているんですよね。

高　橋：そうなんです。ライフワークで、NPO法人住宅ローン問題支援ネットトという法人を運営していて、住宅ローン問題や投資ローン問題の相談を受けています。今はコロナの影響で、オンライン相談がメインですが。

太田垣：家賃が払えない個人の方や、飲食店の経営者など、コロナで無料相談がすごく増えたんじゃないですか？

高　橋：コロナの前までは、メールや電話、面談などの相談数が月平均で20〜30件位だったのですが、２０２０年の3月と4月は、月１００件を超えました。フリーダイヤルで、全国各地から問い合わせをいただきますが、コロナになってからは、都心よりも、少し郊外や地方の方からのご相談が多かったかもしれません。

太田垣：月に１００件はすごいですね。

高　橋：事務所にいないときはスマホに転送しているんですが、電話が鳴りっぱなしで、取り切れない電話もたくさんありました。

太田垣：私も3月、4月は、電話が鳴りっぱなし。家賃の滞納や、管理会社からは、自殺対応の相談ばかりでした。高橋さんのところは、どういった方からの電話が多いんですか？

高　橋：私の場合は、コロナ前までの相談は、収入減や倒産、離婚等何かしらの原因や問題が明確にあって、住宅ローンが払えない人からのご相談が多かったんですね。それがコロナの今は、競売などとは無縁の、本当に普通の人からのご相談が増えています。

太田垣：余裕はないけれども、普通にやりくりをして生活していた人、ということですよね？

高　橋：はい、それまでは、働いていれば、とりあえず食べていくには困らない生活を送っていたと思うんですけど、そういう人が急に、奥さんのパート収入が途絶えて払えなくなってしまったとか、ご自身の仕事がなくなったとか……。
太田垣：でもそれだけ、いざという時の貯えがないってことですよね。他にはどんな相談が増えましたか？
高　橋：ほかには、住居確保給付金の問い合わせも増えました。これは、私が自分のホームページのブログで、「コロナで家賃が払えない人は家賃給付金がありますよ」みたいな解説を書いたら、検索か何かで、その一文がすごくヒットしたみたいで、「住宅ローンにも適用されるのか」という相談が増えました。
太田垣：そういった方には、どう対応されていたんですか？
高　橋：金融庁が全国の金融機関に、返済猶予などの相談には柔軟に応じるよう通達を出していたので、各金融機関のコロナ相談窓口に問い合わせをするようにアドバイスをしました。各金融機関では、比較的返済猶予のリスケジュールの相談に乗ってくれたりしていたので、何とかなったという人も多かったようですね。中には一定期間返済不要にしてもらって、立て直しができた人もいるようです。

太田垣：コロナ禍でいつもと相談者の層が全然違ってきたんですね。

高　橋：普段の相談は、売らなくてはいけないとか、競売になるかどうか、滞納が何カ月といった問題が多いのですが、コロナ禍においてはそこまで追い込まれてないような人たちが、ドバッと一気に相談に来た感じですね。

太田垣：普段の生活は問題なくても、ぎりぎりの状態でローンを払っていて、少しでも収入が減っただけでローンが払えなくなる状態の人が、すごく多いということですね。

高　橋：今回、印象的だったのは40代、50代、そして高齢者の相談が多かったことです。住宅ローンは80歳まで組めるので、35年でギリギリ組んで、年金生活ではローンを払えず、アルバイトをしている人がけっこう多いのです。

太田垣：70代で現役の時と同じローン額を支払うだなんて、そりゃ厳しくなりますよね。

高　橋：40代、50代の現役世代でも、コロナの影響で本人の収入が減ったり、奥さんのアルバイトやパート収入がなくなり、住宅ローンが払えなくなってしまい、売却したくてもオーバーローンで売れないというケースも増えました。

太田垣：それは切ないなあ。

高　橋：金利の高い時代に家を買った人は、今でも3～4%の高金利で払っていたり、凄い人は6%位の金利をずっと払い続けていて、もう元金はとっくに払い終えているのに、利息分にお金を払っているという人も。

太田垣：ここまで疑問とか抱かなかったのかしら。

高　橋：そこで、金融機関に金利を下げてもらえないだろうか？　といった相談もありましたが、さすがに下げてもらえるところまでは無理だったようです。

太田垣：高齢の方は大変ですよね。

高　橋：そうなんです。高齢の方は、昔のローンをそのまま引き継いで定年後も支払い続けている人がとても多いです。そのため、アルバイトやパートが出来なくなると破綻するというリスクを抱えています。

太田垣：賃貸でも、高齢の方がアルバイトが減って家賃を支払えないというトラブルがありました。

高　橋：若い人でも、ギリギリでローンを組んでいる人がたくさんいますし、今は低金利なのでとりあえずフルローンで組む人が多いです。夫婦合算のペアローン等も目立ちますが、離婚のときは、このペアローン問題は本当に厄介です。

太田垣：結局、皆さんギリギリ過ぎるのよね。

高　橋：今回のコロナのようなことが起こって、収入が減ったり途絶えたりしたら、一気に家計が回らなくなってしまうという人がとても多いと思いました。

他にもサラリーマン時代にローンを組んで家を購入し、その後脱サラをしてフリーランスになって独立したけれども、コロナの影響で仕事がなくなったという人も少なくありませんでした。今後、低金利によって無理してローンを組んでしまった人の低金利破綻が必ず起こるでしょうね。

買う側の知識不足も問題

太田垣：やはり、みんな背伸びをして買い過ぎですよね。良い物件を見ちゃうと、そっちが欲しくなるのは分かるけど。

高　橋：本当にそう思います。私も任意売却の仲介をしているので、販売の現場や中古物件でも、仲介会社さんがエンドユーザーさんに勧めているのを見ますけど、返済比率がぎりぎりでも、銀行も貸しますし、不動産屋さんも勧めるんですよね。今は低金利なので、取りあえず35年のフルローンでという話をしているんですけど、絶対に破綻するだろうなという人をよく見ます。でも、貸しちゃうんですから、貸手責任と言いたくなるような現状があります。よくないですよね。

太田垣：こういった状況は、何が原因だと思いますか？　もちろん売るほうは、２０００万円の物件を売るよりは６０００万円の物件を売ったほうが、仲介手数料も入るからいいと思うんですよね。買う側からしてみれば、銀行が貸してくれるのだから、自分には買える能力があると単純に思ってしまう。やはり買う側に、お金の知識が足りないってことですかね？

高　橋：足りないと思いますね、圧倒的に。目の前で計算された毎月の住宅ローンを家賃と比較して、「払えるんだったらいい」という感じで、35年で何千万というすごい借金を負うことに対して、あまり現実味を帯びてないというか。賃貸物件より分譲のほうが、やはり同じ値段を払ってもスペックのいい物件に住むことができるわけですから、単純に毎月の返済額を見て、後先のことを考えず、「同じ値段で持ち家を持った。やった！」みたいな感じになっているんですよね。

太田垣：単純に「毎月の家賃よりお得です！」って話じゃないですよね。

高　橋：コロナのように、未曾有の事態が起こることは誰もが想定していなかったとは思いますけど、ここまでの事態を想定しなくても、住宅ローンという借金は、少し厳しくなった時に一機に破綻に追い込まれるリスクがあるということを、もっとみなさんに知っていてほしいですよね。

太田垣：本当にそう思います。

高　橋：賃貸だったら、解約して終わりですけど、住宅ローンは返済が滞ると信用情報にも傷がつきますし、うまく売れなかったら残債も残りますからね。

太田垣：私がもし不動産売買の仕事をしていたら、返済能力に疑問があるような人に、高額な物件を売ったりしたくないなぁ。ただ不動産の仕事をしている人も、生活がかかっているわけですから、一概に非難はできませんけれど……。

高　橋：分かります。今は、コロナでお金を使うこともなくて、富裕層の中では不動産投資をする人が増えているのですが、一方で投資破綻の相談もすごく来るんですよね。

太田垣：司法書士も、心の中では「これは、破綻するかもしれない」と思いながら登記しているんじゃないかなと思うもの。

高　橋：不動産投資ローンの相談者さんは、物件も見ずにひどい物件をひどいローンの組み方で契約しているケースもよくあります。

太田垣：特に医師や大企業のサラリーマンの中には、物件も見ずに電話１本で決める人もいましたよ。私の周りでも、エリート医師が、不動産投資ですごく変な物件を買ってしまって、破産もできずに大変でした。

高　橋：社会的には地位が高く、頭もいいはずなのに、なんでこんなのにひっかかるのかという案件がすごく多くてびっくりします。不動産の知識がないのは仕方がないですが、相場ぐらいネットでも調べられるし、もうちょっと勉強をしたほうがいいですよね。

太田垣：私の親の世代は、金利も８％とかあって、貯金さえすれば老後も安泰と思われていましたけど、今の時代は、そうではないですから。

高　橋：それで、老後が不安になって、不動産投資を持ち掛けられてだまされたり。本来、不動産投資というものはきちんと行えば堅い投資ですので、正しい判断をするためにも知識を養わないといけないと思います。

本当に今が家を買うラストチャンス!?

高　橋：去年の夏以降、コロナの影響で収入が減った人が、どんどん増えています。飲食店の人は、本当に大変で、これから任意売却や破産が、急増すると思います。

太田垣：住居確保給付金が切れたり、いろんな給付が切れて、実際に仕事も収入も失ったり。でも、そんな中、去年は登記の案件がすごく多かったんですよね。みんな、コロナ中に不動産をすごく買っていたんですよ。この先、たぶん年収が下がるだろうから、前の年の年収でローンを組めるのがギリギリで、このタイミングを逃すと家を買えなくなるからと言うんです。

高　橋：そういう人は多いですね。

太田垣：もちろん、資産家の人たちは全然コロナの影響はないのですが、一般の人が、家を買うラストチャンスと言って、みんな35年ローンで買っているんですよね。なんだか近い将来、破綻するんじゃないかと心配になっちゃう。

高　橋：確かに不動産業界は、ホテル関係はダメージが大きかったようですが、それ以外の一般向けの物件は、そこまでの打撃はありませんでしたものね。お客様の中には今のうちに、源泉徴収が出るうちに買っておこうみたいな人もいました。

太田垣：でも、それこそ怖くないでしょうか？

高　橋：本当に危ないですよね。もうオーバーローン確定ですよね。

太田垣：なのに、そういう人たちは、滑り込みセーフで家を買えたと、無邪気に喜んでるわけです。

高　橋：家を買っておけば大丈夫みたいな安心感が彼らにはありますよね。

太田垣：ここから35年、ずっとローンを返済していかなきゃいけないのに。昔は、それこそ定年時に退職金がたくさん出たので、退職金で住宅ローンを全部完済して、年金の額も多いし、それなりに貯金もあったけど、今は退職金も出るかどうか分からないし、年金もどんどん削られているような経済状況の中で、35年を駆け込みで買うというのは……。

高　橋：何とかなる精神なんだと思います。実際、私のところに相談に来る人に、「どうして、この物件を買って、こんなローンを組んだんですか？」と聞くと、「その時は若くて（30代・40代で）、仕事もあるし体も元気だったから、何とかなるって思ったんです」って、絶対言うんです。

太田垣：でも、全然何とかならなくなって、高橋さんのところに相談に来るわけですよね。

高　橋：買うときに、「頭金がなくても、フルローンで35年、長く組んで毎月の返済額を減らしておけば、何かあったら保険で返済がチャラになるし、繰り上げ返済すればいいし、退職金で完済すればいいんですよ」と言われると、「あ、そうか」ってなってしまうんですよね。

太田垣：でも、繰り上げ返済って、普段の生活をしていると、なかなかできないですよね。

高　橋：夫婦合算でフルローンで組んで、奥さんが妊娠出産で産休や育休退職をして収入が下がったり、教育費もかかるし、家具や電化製品など何かと出費があったり、生活レベルを落とせずに何か買ってしまったり。自分たちの未来を見通したり、計算のできない人たちが、タワマンのような高値の物件を背伸びして買ったりするのは危ないです。

太田垣：先の医師やエリートサラリーマン同様、不動産屋さんと銀行の言いなりでなく、自分で調べることも大切ですね。

高　橋：ちょっとの知識で何百万とか変わってきます。金利を下げる交渉ができたり、専門家に相談するだけでも人生が変わるので、勉強して賢くやってほしいと思います。

太田垣：この先、さらに大変になってくるんじゃないでしょうか？

高　橋：厳しい人、何とかならない人、いちばん深刻な人たちが増えてくると思います。返済猶予のリスケジュールの問題ではなく、先が見えなくて、売却せざるを得ない人も増えるでしょうし、債務整理する人も今後は増えてくると思いますね。

太田垣：最後に、アドバイスがあればぜひ。

高　橋：まず、持ち家を負債化させず資産化していくことが大切だと思います。199ページのように、住宅ローンのバランスシートを正常化させていれば、何かあった時に破綻に追い込まれることがありません。十分に身の丈にあったローンを組むことや資産価値の下がらなそうな物件を買うことをお勧めします。

35年ローンを、80歳まで組んでも、70歳以上で払えなくなる人はたくさんいます。頭金を入れたほうがいいとよく言われますが、フルローンでも良いので、何かあった時にリカバリーできる十分な貯えをしておくことです。不動産屋さんの言いなりになったり、金融機関の「貸します」に簡単に乗らずに、ファイナンシャルプランナーなどお金の専門家にセカンドオピニオンを聞いてみることも重要です。

終章　コロナ禍から見えた住宅事情

2020年、私が代表を務める法人での賃貸トラブル受託案件は、家賃保証会社からは例年通りの件数。それ以外からの案件は、通常の1・5倍でした。特に家主からの直接のご相談が圧倒的に増えました。

これはすべて新型コロナウイルスの到来が原因なのではなく、もともと厳しい状況だったのが、コロナで先行きが見えなくなって手続きに踏み切ったという家主が多かったという結果だと思っています。

一般的に、家主は「訴訟」を嫌います。

日本全体では、まだまだ訴訟はごく一部の世界であって、日常ではないからです。そのため自身の客である入居者に対して訴訟を提起するということは、できたら避けたいことだと思っているのです。

相談を受けたとき、例えばこの家賃滞納案件は改善する見込みがないので手続きに入った方がいいと説得しても、まだ決断できない家主をたくさん見てきました。

その気持ちは、とてもよく分かります。訴訟は、通常の人なら気持ちが重くなってしまうからです。実際に法廷には行かなくても、客である入居者に対して訴訟をしてまでも退去して欲しいと強行突破するのは、後味が良いものではありません。まして訴訟には費用がかかります。家賃が「入らない」という状況と、自分の財布から実際にお金が「出ていく」という事実は、同じようでいて実はインパクトは全く違います。

それでもコロナ禍以降、家主からの依頼は増えたのです。

新型コロナウイルスで、賃貸経営に危機感を抱いたのでしょうか。皆口々に「コロナで先行きが良くなるとは思えないからね」そう言いながら、訴訟委任状にサインをしていました。

とにかく声をかけ続ける

一方入居者にひとり住まいの人が多い場合は「大丈夫？　コロナで困ったことはない？」と声をかけ続けた家主もいました。

そのうちのひとりが、第4章で登場した大阪の橋田和正さん同様、何とか入居者の不安を取り除こうとした林田弘治さんです。通常の賃貸経営では日常細々としたことは管理会社に任せて、家主と入居者が関わることは稀です。それでも林田さんは声をかけ続けました。

「もともとさ、家主って言うのは家賃をもらいに行ったり、それなりに自分の物件に住んでいる人との交流はあったんだよね。それが賃貸業というより不動産投資になって、ただお金だけ、利回りだけが重視されるようになっちゃった。プライバシーだの、個人情報だのってうるさく言われるようになって、家主としてもあまり関わらない方がいいかなって思っていたのよ。でもコロナなんて出てきちゃうと、それじゃあね。やっぱり住まいを提供している訳だから、人の人生にも関わっているんだしね。お互いさまじゃない。とにかく声をかけまくりましたよ」

林田さんの物件では、このコロナ禍での退去は1件もありませんでした。家賃の滞納すらありません。

「とにかくこれからも声をかけ続けますよ」

大家（親のように）と店子（子のように）の原点に戻ります、という林田さんの目には入居者を温かく包み込む優しさがにじみ出ていました。

うことでしょうか。

払えないと言えない

　一方20年近く賃貸トラブルの訴訟手続きに携わってきた私にとって、ここ数年、林田さんのような家主と同じ感覚を持たない入居者が増えてきたというのも実感です。借りてやっている、そんな雰囲気が漂います。物件の数が増え、借り手市場だからでしょうか。それとも一向に景気が良くならないことで、賃借人の心も荒んできたということでしょうか。

　こうして歩み寄ろうとしている家主に対し、内に籠もっていく入居者。退去した部屋の原状回復費用を支払わずに逃げている鈴木敦史さん、36歳男性です。

　自分が壁に穴をあけてしまい、賠償しなければならないと分かっていながら、管理会社から何度も督促されても支払わないのです。困り果てた管理会社は、仕方なく私のところに回収の依頼をしてきました。

　写真を見ると拳で殴ったような穴が、何箇所かありました。明らかに故意に壊した部分として鈴木さんが修繕費用を負担しなければならない案件です。そこで私から督促の内容証明郵便を送ると、受け取った鈴木さんはすぐに電話をしてきました。こんなにすぐ連絡してきたということは、訴訟手続きが怖いのかもしれません。

「物件を破壊した部分について、支払わなければならない費用ということは、認識されていますか？」

そう私が聞くと、鈴木さんは分かっています、と答えます。金額は４万３０００円。それほど高額な訳ではありません。それでも鈴木さんは抵抗します。

「あの物件はさ、別の入居者は無断でバイクを敷地内に置いていたんだ。僕はバイク用の駐車場を借りて、お金を払ってきた。そんな部分は考慮されないんですか？」

自分がやってしまったのに支払えていないことについての謝罪ではなく、一方的に自分が損をしたと主張します。

賃貸借契約書を見ても、バイクを置けることが条件ではありません。そもそもバイク置き場を借りなければならない契約でした。

鈴木さんが気にくわないのは、自分はバイク置き場を借りたけれど、物件の敷地内に無断でバイクを置く悪い奴がいた。そいつはバイクの駐輪代を払っていない、でも自分は駐輪代を払ってきた。だから自分は損をした、それなのになぜ請求してくるのか、ということです。全く論点がすり替わっています。

「正直者はバカをみるってことですか」

何度も鈴木さんは、そうつぶやきます。


どこまでいっても押し問答が続きます。このようなタイプは自分が悪いと思っていても、それと別のことをすり替えようとしているのです。一通り鈴木さんの思いを聞いた後、私は選択を迫りました。

「今のことをもし訴訟で主張しても、もともとバイクを置けることが条件の契約ではないので、鈴木さんの支払いが免除されるということはないと思いますよ。どうされますか？」

私の問いに暫く沈黙が続いた後、鈴木さんはこう言いました。

「今だって借金して生活しているんです。

またどっかからお金借りて払いますよ。払えば良いんですよね」

吐き捨てるような言葉でした。

分割でもいいのです。一括で支払いが厳しければ、相談にだってのれます。それでも鈴木さんは「払えません」とは言いません。そこは何かの意地なのでしょうか。

「金借りて今週中に払います」

そう言って鈴木さんは電話を切りました。

2、3日経って、鈴木さんから「払いました」のメールが届きました。ところがこちら側では振込が確認できないのです。銀行に問い合わせても、振込は確認できませんでした。
事務方からの「着金が確認できない」のメールに、激怒した鈴木さんから電話がかかってきました。

ただ電話をとった事務員の対応が悪い、私の態度が悪い、失礼だと延々と電話口で怒鳴っているのです。

「払ってくださいって、僕をバカにしたような態度が許せないんですよ」

では払ったのかとなると、鈴木さんは核心部分について「払った」とは断言しません。

こちらで着金が確認できない以上、払ったという何かを見せて欲しいと伝えると、いったん電話を切った鈴木さんから、メールが届きました。振込した画面が添付されています。見られたくない部分は、黒く消されていました。

払ったことを証明したかったのでしょうが、逆にこれで着金していない理由が分かりました。

振込先の名義が違ったのです。

鈴木さんはいったん確かに振り込みました。そこは確かに印字されていました。でもそのお金は、すぐに振込先が確認できず返金されたのです。同額が返金されていることが、黒く塗りつぶされた下から見えていました。

「お振込みいただいたのですね。ありがとうございます。ただ振込先名義が違うため、返金されているはずです。いかがですか？　返金されていましたら、お手数ですがもう一度お振込みをお願いします」

私のメールに、鈴木さんからの返信は未だにありません。そしてそれ以降、鈴木さんと一切連絡がとれなくなってしまいました。

もし「今コロナが原因で払えません」と言ってくれたら、どうしていこうかと一緒に解決策を考えられたと思います。でも今の鈴木さんは「払えない」とは言えないのでしょう。先に払える見込みがないのか、それとも本当に他の借金の取り立てが厳しくて払うどころではないのかもしれません。

ただ払えないと分かっているなら、なぜ謝罪してそこから前進しようとしないのか不思議でなりません。相手方の僅かな部分を責めて、自分を正当化して、相手を封じ込めようとします。鈴木さんにとって、自分が払っていないという事実はどこかに消えてしまったようです。

数々の負のスパイラルから抜け出せない入居者を見てきて思うことは、皆一様に「ごめんなさい」が言えない人たちだということです。

厳しいながらも月々きちんと払ってくれた人は、その間に「正社員になれました」「がんばって良かった」そう言ってくれました。

借金を踏み倒して、人生が好転することはない。私の目の前で起こることを見ていると、そのロジックはあながち間違ってはいないと実感するのです。

新型コロナウイルスで収入が減ったのかもしれません。まずはそこを受け止めなければ前には進めません。今自分に起きていることは、全て自分の過去の決断の結果です。何かに責任をすり替えても、決して人生は好転していきません。まずは今を受け止めて、そこから給付金や助成金など取りうる方法を考えていく、その方が未来が見えてくるはずです。

鈴木さんに何とか乗り越えて欲しい、そう思っても、殻に閉じこもってしまった鈴木さんとは、もはや法的手続きでしか連絡が取れません。

たった一言の「払えません」が言えないために……。

どの業界も二極化が進む

6月以降、私は「自殺がありました」という電話を、管理会社の担当者から何本も受けました。データの上でも自殺者数は、確実にここ数年の日本の推移よりは多くなっています。やっと年間3万人を大きく割り、2020年は2万人を下回るのではと誰もが期待していました。それが新型コロナウイルスという想定外のアクシデントで、下降気味だった自殺者数もまた上向きになってしまったのです。

それでも今のところ、私がお付き合いしている家賃保証会社では滞納の事故率は上がっていません。しかも自殺者もいないとのことでした。

家賃滞納もじわりじわりと増えてきている中、どうして私がお付き合いしている家賃保証会社では滞納の事故率が上がってこないのか不思議でした。

答えは簡単です。営業担当者のコミュニケーションが、入居者を救っているのです。担当者はこう言います。

「こまめに入居者のところに訪問し、状況を確認しているからだと思います。厳しいなと思う入居者は、住宅確保給付金の受給のために役所に同行したりもしています。全社をあげて、生活に行き詰まらないようにサポートしています」

担当者は、それぞれ一日に何件もの物件に足を運び、入居者から事情を聞きだし、最善の策を一緒に探し出しています。

この会社は、緊急事態宣言直後、シングルマザーで生活の苦しい家庭には5万円の支給までしました。

国は10万円の特別給付金ですら、行きわたるのに数カ月かかりました。その間にもともと所得が平均より低いシングルマザーは、たちまち窮地に追い込まれます。彼女たちに手を差し伸べたのは、国ではありません。家賃保証会社が、シングルマザーを支援したのです。

「私たち企業は、社会に貢献するために存在します」

会長のこの言葉を聞いて、人を救うのは制度じゃない、相手に手を差し伸べる優しさなんだと確信しました。

実際のところ、家賃を払わない人たちはどれくらいいるのでしょうか。

家賃保証会社での事故率は、多くても2％か3％程度です。5％になれば、経営は苦しくなると言います。そう考えると、大半はきちんと家賃を払って住んでいるので、契約当初の保証料を利益として会社が成り立つのです。

この保証料を「何も努力せずもらえるお金」と位置付けている会社もあります。一方で前出の保証会社は「自分たちは入居者の連帯保証人なんだ。ただ単に滞納分を保証するのではなく、入居者と二人三脚でやっていこう」と完全に寄り添う姿勢でいます。

同じ家賃保証会社でも、これだけ大きな差があるのです。

これが実際の事故率にも比例している、そんな印象を強く受けました。

変化できるものだけが生き残れる

先にもお話ししたように早々にマンスリー事業から撤退した会社がある一方で何とか事業を継続しようと前を向いている会社もあります。

マンスリー会社の多くは、出張や研修など月単位で一定期間借りてくれる法人を、安定収入先としていきます。ところがコロナ禍で出張や移動しての研修は、その多くがウェブ上に変わりました。当然、見込んだ収入が得られません。

そこでこの会社では、医療従事者のためにマンスリーを利用してもらおうと奮闘しています。ホテルだと寝るだけですが、マンスリーだと生活ができる物がひと通り揃っているので、自分の家のようにくつろげることができるはずです。宿泊施設として位置づけられる民泊とは似ていますが、より自宅感を出して差別化を図りたいようです。「とにかく部屋ではリラックスして欲しくて、アロマを充実させたりしています」

一般のビジネスホテルが、一泊4000円を切る値段を打ち出したことで値段的にはライバルとなりました。ただでさえマンスリーで客を得ることが難しくなっている今、民泊やビジネスホテルという競合に打ち勝っていかねばなりません。それでも懸命に知恵を絞ることで、何か見えてくるのではと言います。

運動不足の人のためには、室内で利用できる健康グッズを備えた部屋もあります。リモートワーク用の仕事部屋として検討してもらうために、カメラやモニター、マイク等も準備しました。

さまざまなニーズを探して、工夫を凝らしています。

「持続化給付金を、全部こういった部屋の工夫のグッズに使おうと決めました。まだ経営的にどうなのか、結果は見えてきません。ただとにかく変わっていかなければ、何も変わらないと思ったので」

この言葉を聞いたとき、私は遠い記憶を思い出したのです。

今やスマホで簡単に写真を撮ったり、気軽に写真が楽しめるのはフィルムがなくなったからです。

写真と言えば以前はフィルムを買い、撮った写真を現像し、初めてやっと自分の作品を目で見ることができました。

素人は自分で現像できないので取次店にフィルムを持って行き、でき上がったら写真を取りに行くという流れです。現像には数日の時間もかかったし、当然にしてそれなりの費用も必要です。1本のフィルムには撮れる枚数にも限りがあるので、慎重にシャッターを押さないと撮りたいときにはもう写せない、そんなプレッシャーもありました。

今の時代は、撮った次の瞬間、簡単にデータで確認することができます。それを気軽に共有したり、取り損ねたものは簡単に削除もできます。

ほんの40年ほど前までは、写真を撮るにも結構な費用がかかっていたのに、今やカメラを持たなくても、スマートフォンでデジタルカメラに負けないレベルの写真を撮影することができます。

その頃のフィルムメーカーと言えば、コダックと富士フイルム。

どこまでもフィルムに拘ったコダックは、デジタル化に負けて倒産しました。

「私たちの仕事は化学」そう断言する富士フイルムは、高価なカメラではなく手軽に楽しんでもらいたいと「写ルンです」を世に出しました。学生でも買える金額で、写真を身近なものとしたのです。

さらには自社の技術を活かして、化粧品や医療の世界に方向転換していきました。未だに「フイルム」という名前が社名には残っていますが、若い人たちにはその理由も知られていないのではないでしょうか。

今回の新型コロナウイルスでの治療薬のひとつとして有名になった「アビガン」も、この富士フイルムの子会社で開発されている医薬品です。

アビガンが世に語られるほど、私は「変化できるものだけが生き残れる」という思いを強く抱くようになったのです。

変化し続ける富士フイルム、それに対して変わることができなかったことで倒産したコダック。

このコロナ禍からの生き残りのヒントは、ここにあるような気がしてなりません。

住まいも変化してきています

1年前の年末年始、新型コロナウイルスは中国で広がりを見せ、私たちにとってはまだまだ対岸の火事でした。

ところがクルーズ船や春節を機に国内でも広がりをみせ、人々の「当たり前」が随分失われていったのです。

会うことを制限され、画面でしか顔を合わすことができない日々。オンライン呑みだなんて、新型コロナウイルスがなければ考えられもしませんでした。

感染して入院しても家族は面会することもできず、当初は亡骸にも会わせてもらえませんでした。入院前に別れたきり、次は変わり果てた遺骨を抱くことになった、そんな悲しいこともありました。

人は必ず死ぬと分かっていても、ある日突然に感染して亡くなるということを、今までどれだけの人が想像していたでしょうか。

病気になって、ある程度の覚悟の時間を与えてもらうのではなく、今あるすぐ横に「死」があるかもしれない……。

ひとりで生活している人は、心細い思いを抱かなかったでしょうか。

自分が感染してしまい、誰にも知られないまま亡くなってしまうことを想像しなかったでしょうか。

天災も同じかもしれませんが、ウイルスという得体の知れないものに対する恐怖は、マスコミの煽りも加わり、不気味さとして植え付けられました。

生活も一変しました。

私たちはウイルスの感染を防ぐために、家に留まることを強いられました。

通勤ラッシュを嫌悪しながら乗らざるを得なかった電車も、リモートで自宅から仕事をするようになり、苦になることは少なくなりました。

同時に寝るだけから仕事をする場所となった家は、広さや環境も重視されるようになっています。

仕事スペースや居住空間の広さを求めて郊外に引っ越す人も増えていますが、では郊外に行けば、この点はすべてクリアになるのかというとそこは疑問です。

この状態がいつまで続くのか、自身の年齢と残りの働こうとしている時間、10年先も働き方は今のままなのか、仕事がなくなった後や子どもが巣立った後も広い家は必要なのか、売却したいときに郊外の家の資産価値はどうなのか、計画通りに住宅ローンの支払いができるのか……。

今のその選択は、本当にファイナルアンサーでいいのか疑問を抱いてしまいます。

新型コロナウイルスがインフルエンザのように「当たり前」になったとしても、またこの先、別のウイルスが私たちを襲う可能性だってあります。

少子化が進む日本では、年々、単身世帯が増えています。夫婦で住んでいたとしても、高齢者同士ならだれが介護をするのかが問題です。介護の世界も、人手が足りていません。高齢者社会になるということは、住む場所も含めて問題が山積です。

そんな中、この住まいの世界にも、変化が生まれてきています。

例えば神戸では、介護付きシェアハウスが誕生しています。高齢の人たちがお世話してもらうために入る「施設」ではなく、普通に住んで互いに助け合おうという試みです。認知症の人もそうでない人も、入居するのに制限はありません。

さらに驚いたことは、このシェアハウスには地域の人が集まります。商店街に位置することもあるのでしょうが、地域の子どもや学生や大人も集う場所。近所の寄り合い場のような存在になっています。

一方的に介護を受けるだけの立場ではなく、地域の子どもたちを預かったり世話をしたりする。老若男女、できることをするというスタンスがこの施設の在り方なのです。

ひとりで賃貸に住むのは心細いし、かと言って施設に入ってただ介護してもらうまでじゃない。「してもらう側」と「する側」という二極ではなくて、誰もができることをする心地よさ。多世代同居のシェアハウス版ともいえるのではないでしょうか。

今まで高齢になれば、持ち家・賃貸にかかわらずひとりで暮らすか、施設に入るか、家族と住むかという選択肢しかありませんでした。

自分で動ける間は、ひとりで住みたいという人も少なくありません。それでも高いところの電球を替えにくくなったり、大きな家具を動かしたり、自分でできないことも現実的には増えてきてしまいます。

それをもしご近所同士で補い合えたら、心強くありませんか?

本当に自分で生活できなくなってから施設に入るのではなくて、いろいろな選択肢が増えてきたということは、とても嬉しいことです。

シェアハウスといえば「かぼちゃの馬車」が一世を風靡しました。そもそもあれは「投資」というお金が先行したものですが、きちんとした家主側のコンセプトも込められたシェアハウスもたくさん建てられました。しかしながら純粋なシェアハウスでは、実際にうまく稼働しているところは少ないというのが私の印象です。

これはシェアハウスの構造にあると思います。台所やお風呂やトイレ、洗面所が共用となると、学生時代に海外でのシェアハウスを経験したような人でなければ、かなりストレスを感じてしまうのではないでしょうか。

トイレくらい他人を気にせず、ゆっくり使いたい……。

個を主張できる外国人と協調性を重視する日本では、受け入れられるものが違うように感じます。

何もかもが共同となると、たまにひとりで部屋に籠もりたくなっても、室内に水回りがないためにできません。

結局たくさん建てられた割には、利用するのは学生中心で、社会人が住む選択肢としてシェアハウスは候補に入ってきていないように感じます。

一方シェアハウスをさらに進化させたコレクティブハウスも登場してきました。

これはそれぞれが独立した専用の住居に住み、共用スペースで生活の一部を他の入居者たちと共同化するというものです。

当然にして独立した専用部分には、水回りの設備もあります。普通の共同住宅そのものです。ただ違うのは、共同で使える大きなキッチンがあったり、居住者が使える別の共同スペースがあることです。

各部屋で自炊してひとりでご飯を食べるのも良し、共同スペースの大きなキッチンで他の入居者たちとご飯を食べるのも良し。

当番になった人たちが申し込みのあった人数分の食事を一緒に作り、頼んだ人はそのご飯を食べることができます。自分たちで年間行事計画を立て、物件の大掃除をしたりお餅つきをしたりもします。何もかも、住民たちが話し合って決めていきます。

血縁に拘らずそれぞれが自立しながら、物件の入居者と関わりながら暮らすスタイルです。

世代もばらばら、性別もばらばら。共同住宅に共用スペースがあるので、必然的に一般的な共同住宅より入居者同士の関わりが深くなります。

「どう、大丈夫？」

そんな声をかけ合いながら、個々のプライバシーも守りながら、つかず離れずの生活。ひとりだけどひとりじゃない、そんな安心感があります。

「年をとってからの老人ホームじゃなくて、仕事をがんがんやっている世代の中年ホームも欲しい」

そう言った女性起業家もいます。基本はコレクティブハウスと同じ考えで、共用スペースが充実していて、誰かと喋りたくなればそこへ行く。その共用スペースで、新しい仕事のアイデアもどんどん生まれるのではないかということです。

ひとり住まいは、ちょっと心細い。だからと言って完全に縛られる生活も嫌。個々の生活を楽しみながら、それぞれの住民が緩く繋がっている。

住民が第一線で仕事しているからこそ、生活の場から仕事が生まれていく、そんな住まいがあってもいいじゃない、家族という枠でなくても、もう少し深く関わってもいいじゃない、彼女はそう言うのです。

住居は生活する場であるけれど、ただそれだけではなくもう少し踏み込んで関われば、そこから生活以上の何かが生まれるはず。そう考えると何だかワクワクしてきませんか？

犯罪に繋がってはいけないからと、同じマンション同士でも声をかけ合わない、挨拶をしないという選択肢もあります。子どもたちの胸からも「名札」が消えました。それもひとつの考えです。

一方、いつも同じ人と挨拶するからこそ、違う人（犯罪者）が分かるという考えもあります。

声をかけ合いながら助け合っていこう、血縁ではないけれど共存していこうという流れも確実に大きな波となっていると感じます。

金沢にシェア金沢というさまざまな施設を兼ね備えたエリアがあります。

ここは障がい者の人も健常者も、若い人も高齢の人も、ごちゃまぜの街です。一緒にできることをしていこうと生まれました。共存していくというコンセプトでは、先駆けです。発祥は２０１４年のことです。

最初にその存在を知った時、壮大な計画に度肝を抜かれました。

このシェア金沢のメインの目的は、サービス付き高齢者向け住宅を、自分たちで運営していこうという試みです。芸術家を目指す学生は、ここに住みながらボランティアをして安い家賃で生活しています。芸術家として一人前になるまで、助けながら助けてもらうのです。障がいを持った子どもたちも、大切なメンバーです。

「支え合う」を根幹として、「自分のできること」を大切にしています。

新型コロナウイルスは、生きること、生活というものを改めて私たちに問うてきました。

昨日までの常識が、目に見えないウイルスにひっくり返されました。

ウイルスは、誰しもが気を付けていたとしても、感染してしまうリスクを持っています。感染者を魔女狩りのように吊るし上げるのではなく、制度のなさを非難していら立つのではなく、自分たちができることをしていく、それこそが新型コロナウイルスの教えてくれた現実ではないかと思うのです。

リモートワークは、これまでリアルでコミュニケーションを取りながら仕事ができていたからこそ、居る場所がそれぞれ違っても成り立つ働き方だと私は思います。一方で少人数の会社に所属していたり、社会人としてまだ自分のポジショニングができていない若者などは、リアルにコミュニケーションを取らずに仕事をしていると、どうしても視野が狭くなってきてしまいます。だからこそ隣人が声をかけてあげて欲しいのです。同じ建物に住む者同士で。家主や管理会社で。そしてご近所で。「こんにちは」と同じように「どう、大丈夫？」と声をかけ合えたら、きっととても心強いはずです。

かつて土地神話と言われた日本。富の象徴であった家も、それぞれの生き方に合わせて確実に変化してきています。

住まいを選ぶことは、生き方を選ぶこと。

貴方は、どんな生き方を選びますか？

おわりに

新型コロナウイルスが騒がれ出した時、経済はどうなっていくのだろう、私はとても不安になりました。この先世界中がどんどん不景気になり、私はスタッフを守り切れるのか、不安を与えずにいられるのか、経営者になって15年。初めて寝られないという経験をしました。

じっとしているとプレッシャーと不安に押しつぶされそうで、気持ちが暗闇に引きずり込まれないよう、考える隙を与えないかのように模索しながら全力で走り続け、そして気絶するように寝る毎日。自分を傷めつけていると思いつつ、そうでもしないとやっていられない怖さを感じていました。

同じように不安を覚えられた方は、多かったのではないでしょうか。

同時に、改めて「生きる」ということを考えさせられました。

もともと一昨年くらいから今後のために早めに身軽にしていこう、と身の回りの物の整理を始め出した矢先でした。それでも年齢的にまだ先がある、これから時間をかけてゆっくり片付けていけばいいと思っていましたが、新型コロナウイルスの台頭で「死」はすぐ横にある、そんな意識を持ったのです。

そう考えるきっかけが、仕事仲間の感染でした。

私より若くて体力のある男性経営者、私よりはるかにウイルスに慎重で「（感染者が咳をしたかもしれないから）エレベーターに乗らない方がいいよ」とアドバイスをくれるような存在でした。その彼が感染。あれだけ気を付けていても感染するんだ、正直かなり驚いたとともにコロナに対する恐怖心がさらに高まりました。

その社長は入院当時、それほど症状が出ている訳ではないので「病室で仕事できるわ」と言っていたのに、そこから肺炎を発症。あれよあれよと症状が酷くなっていきました。

志村けんさんが亡くなった直後ということもあり、私はとにかく怖くて毎日メッセージを送り続けました。写真のときもあったし、スタンプのときもありましたが、少しでも笑ってもらえるように、気を紛らわせてくれるように、返事がなくても毎日送り続けました。もしこのまま……そんな恐怖心を払いのけるように、メッセージを送り続けたのです。仕事仲間の私ですら怖さを感じたので、ご家族の苦しみは容易に想像ができました。

長い入院の末、退院の連絡を受けた時には、安堵で泣きそうになりました。まだまだ仲間が亡くなる年代とは思っていなかったので、この経験は私の中に深く刻み込まれたと思います。


この新型コロナウイルスは、経済的弱者に容赦なく襲いかかりました。職を失って家賃が払えなくなった人、希望を持てなくなって死を選んでしまった人、お子さんを抱えて大変な思いをしているひとり親。突然に仕事を制限された飲食業の方やその関連事業の方々、旅行業に携わる方々。奨学金をもらいながらアルバイトで生活している学生。挙げだしたらキリがありません。むしろ一部の人以外、大なり小なりのダメージを受けているのでしょう。

日々家賃を払えない人たちの対応に追われながら、ふと過去に私が手続きをして、家を退去したシングルマザーたちが心配になったのです。家賃滞納をきっかけに生活を立て直せる家賃帯に移ってもらったと思っていますが、それでもコロナのようなアクシデントは想定外です。とにかく不安になって「大丈夫?」とショートメールを打ちまくりました。

すでに連絡がつかなくなってしまった人もいましたが、大半が「何とかやっています」と返信してきてくれました。それぞれが過去の滞納から、しっかり学んで堅実に頑張っていてくれて、とても嬉しくて、逆に私が励まされることになりました。

その中のひとりから、昨年入院して手術したことを聞きました。3人を育てながらのシングルマザーです。いちばん上の子ですら小学生。末の子は、確かまだ未就学児のはず。そんな小さな3人を残しての入院、親を頼れない彼女はさぞかし大変だったと思うと、意外な返信が来ました。

「周りに助けてくれる人をたくさん作っているので、たくさんの人に入院中も助けてもらいました」

「ええっ」と思わず声が漏れたほど驚きました。

私自身が子育て真っ最中のときは、彼女と同じように親を頼れなかったので、仕事と子育てで精いっぱい。人と深く関わる余裕なんてなく、保育所の送り迎えで会うお母さんたちに挨拶する程度でした。息子が小学生になっても、日々の生活に追われ、近所で手助けをしてくれる人はいても、当時私が入院でもしたら、誰を頼れたでしょう。思い返してみても、途方に暮れるイメージしかありません。

一方彼女は子どもが3人もいながら、仕事をして子育てして、尚且つ自分のサポーターとの信頼関係も築いて、凄すぎる！　と感心していると、次のメッセージが届きました。

「あや先生との出会いで、困っているときに『私は困っている人です』と、アピールすることが大事だと学びました。教訓を生かしているだけです。

あの頃はどこに『困っている』アピールをすべきか分からなかったから。

だからあや先生が差し伸べてくれた手を、がっちり握っただけなんです」

事務所にいたにもかかわらず、涙が止まりませんでした。

当時のことを、私はもう覚えていません。覚えていないくらいの些細なことでも、誰かの役に立つこともありました。「家賃滞納」という現場で知り合った彼女から、こうして人の尊さを学ばせてもらったのです。

新型コロナウイルスは、私たちに「生きる」ことと「助け合う」「励まし合う」ことの大切さを訴えているように思えてなりません。気を付けていたとしても誰もが感染してしまう中で、感染してしまった人を魔女狩りしても何も生まれません。希望を抱けなくて命を絶ってしまう人が増えている中、声をかけあい、手を差し伸べ合う。人はだれしも「困っている」ことを上手に伝えられないし、自分から声を上げられる人ばかりではありません。

国が救済の制度を準備しても、それを知らない人がどれだけいるでしょう。掲示板に張り出され、見ていない者は知らないよとばかりに情報を取りにいけない人は置いていかれます。目の前のことに追われていては、情報を得る余裕がありません。「自己責任」などと言わず、どうか教えてあげて欲しいのです。

ほんの僅かなお節介が、相手にとっては光になるかもしれないのです。

二度目の緊急事態宣言。この先新型コロナウイルスが私たちの生活にどう存在していくのか、私にはまだ見えません。生きる上で必要な衣食住の中でも、とても大切な「住」。住まいがどう変化していくかも分かりません。それでも「知って」いただくことで、何か判断するときの材料になるかもしれません。生きることと住まいは、密接しています。この本が少しでも何かの気づきになりますように、祈る思いを込めてこの本を世に送り出したいと思います。

最後に日々の仕事に忙殺されるあまり、なかなか「書く」ことに向かなかった私を、長いこと待ってくれたポプラ社の碇さん。愛の鞭でお尻を叩いてくれたアップルシード・エージェンシーの宮原さん、対談をふたつ返事で引き受けてくれた高橋愛子ちゃんと昆佑賢さん、事務所のスタッフや支えてくれた全ての方々に、感謝の気持ちでいっぱいです。本当にいつもありがとうございます。前著でも書きましたが、恩返しは仕事でさせてください！

新型コロナウイルスが人々を脅かすことなく、小さな小さな存在になっていくことを願いつつ……。

令和3年3月　二度目の緊急事態宣言中の東京にて

太田垣 章子

太田垣 章子

おおたがき・あやこ

OAG司法書士法人 代表、司法書士。
株式会社OAGライフサポート 代表取締役。

30歳で、専業主婦から乳飲み子を抱えて離婚。シングルマザーとして6年にわたる極貧生活を経て、働きながら司法書士試験に合格。登記以外に家主側の訴訟代理人として、延べ2500件以上の家賃滞納者の明け渡し訴訟手続きを受託してきた賃貸トラブル解決のパイオニア的存在。トラブル解決の際は、常に現場へ足を運び、訴訟と並行して賃借人に寄り添ってきた。決して力で解決しようとせず滞納者の人生の仕切り直しをサポートするなど、多くの家主の信頼を得るだけでなく滞納者からも慕われる異色の司法書士でもある。
また、12年間「全国賃貸住宅新聞」に連載を持ち、特に「司法書士太田垣章子のチンタイ事件簿」は7年以上にわたって人気のコラムとなった。現在は「健美家」で連載中。2021年よりYahoo!ニュースのオーサーとして寄稿。さらに、年間60回以上、計700回以上にわたって、家主および不動産管理会社向けに「賃貸トラブル対策」に関する講演も行う。貧困に苦しむ人を含め弱者に対して向ける目は、限りなく優しい。
著書に『2000人の大家さんを救った司法書士が教える　賃貸トラブルを防ぐ・解決する安心ガイド』(日本実業出版社)、『家賃滞納という貧困』『老後に住める家がない!』(どちらもポプラ新書)などがある。

【OAG司法書士法人】 https://www.oag-js.com/
【あやちゃん先生の賃貸お悩み相談室】 https://www.onayami.co.jp/

著者エージェント　アップルシード・エージェンシー
カバーデザイン　bookwall
カバー写真　PIXTA(ピクスタ)
編集協力　長谷川華

本書で紹介されている事例はすべて、個人が特定されないよう
変更を加えており、名前は仮名となっています。

ポプラ新書
209
不動産大異変
「在宅時代」の住まいと生き方
2021年 4 月12日 第 1 刷発行

著者
太田垣章子
発行者
千葉 均
編集
碇 耕一
発行所
株式会社 ポプラ社
〒102-8519 東京都千代田区麹町 4-2-6
一般書ホームページ www.webasta.jp
ブックデザイン
鈴木成一デザイン室
印刷・製本
図書印刷株式会社

N.D.C.916/254P/18cm ISBN978-4-591-17007-6

P8201209

生きるとは共に未来を語ること　共に希望を語ること

　昭和二十二年、ポプラ社は、戦後の荒廃した東京の焼け跡を目のあたりにし、次の世代の日本を創るべき子どもたちが、ポプラ（白楊）の樹のように、まっすぐにすくすくと成長することを願って、児童図書専門出版社として創業いたしました。

　創業以来、すでに六十六年の歳月が経ち、何人たりとも予測できない不透明な世界が出現してしまいました。

　この未曾有の混迷と閉塞感におおいつくされた日本の現状を鑑みるにつけ、私どもは出版人としていかなる国家像、いかなる日本人像、そしてグローバル化しボーダレス化した世界的状況の裡で、いかなる人類像を創造しなければならないかという、大命題に応えるべく、強靭な志をもち、共に未来を語り共に希望を語りあえる状況を創ることこそ、私どもに課せられた最大の使命だと考えます。

　ポプラ社は創業の原点にもどり、人々がすこやかにすくすくと、生きる喜びを感じられる世界を実現させることに希いと祈りをこめて、ここにポプラ新書を創刊するものです。

未来への挑戦！

平成二十五年　九月吉日　　株式会社ポプラ社